손금 좀 볼까요

손금 좀 볼까요

– 손금의 고수가 알려주는 人生궁금증 5지 해답

초판발행 2021년 03월 01일
초판인쇄 2021년 03월 01일

지은이 광제廣濟 김만중
펴낸이 김 민 철

펴낸곳 도서출판 문원북
주 소 서울시 마포구 토정로 222 한국출판콘텐츠센터 422
전 화 02-2634-9846 / 팩 스 02-2365-9846
메 일 wellpine@hanmail.net
카 페 cafe.daum.net/samjai
블로그 blog.naver.com/gold7265

ISBN 978-89-7461-477-5
규격 152mmx225mm
책값 17,000원

손금고수가 알려주는 인생 궁금증 5가지 해답

손금 좀 볼까요

문원북 BOOK

CONTENTS

꼭 알아 두어야 할 **손금의 기초**

손금 체크리스트로 확인하는 **내 성격 알아보기**

손금으로 미래 조금 엿보기

| **연애** | 사랑은 기다린다고 오지 않는다. 먼저 찾아 떠나 봅시다. | |

결혼

우선 결혼선 상태부터 확인합시다.

직업

당신은 꿈이 있는 사람? 합리적인 사람? 사업능력이 있는 사람?
손금으로 적성에 맞는 직업을 찾을 수 있다.

손금을 알면 적성에 맞는 직업을 찾을 수 있다.

건강선으로 알 수 있는 병

감정선으로 알 수 있는 병

구丘로 알 수 있는 병

손톱으로 알 수 있는 병

손금 이것이 궁금해요 4 Q&A

손금의 기초

Basis 1

손금은 왼손과 오른손, 어느 쪽을 보는 것이 맞나요?

두 손을 다 본 후 판단합니다.

동양, 서양 공통적으로 **왼손은 태어난 운명**으로 타고난 재능, 성격을 나타냅니다. **오른손은 후천적인 운**으로 그 사람의 노력으로 만들어낸 재능, 성격, 운명입니다. 즉, 왼손은 **정신적인 변화**나 마음속에서 일어난 일이 손금으로 나타내고, 오른손은 **환경의 변화**나 구체적이고 현실적인 변화를 말합니다. 그래서 두 손을 비교해 보면 왼손은 비교적 잘 변화하지 않고, 오른손은 조금씩 변화하고 있음을 알 수 있을 것입니다. '손금 좀 볼까요'에서는 두가지 기본원칙에 따라 손금을 보도록 하겠습니다.

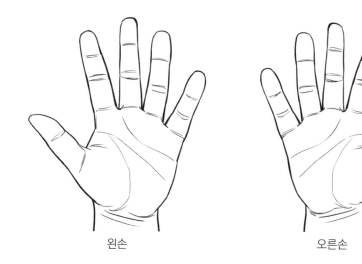

왼손　　　　　　　　　　　　　오른손

✋ 왼손은 운명, 오른손은 명분, 현재의 상태 나타냅니다.

손에는 다양한 선과 표시 등이 있는데, 위치에 따라 그 의미가 달라집니다.
우선은 손금을 보는 기본적인 방법에 대해 설명하겠습니다.

Basis 2

손금도 변한다고 하는데 정말 인가요?
손금은 조금씩 변합니다. – 손은 기氣의 출입구이기 때문입니다.

우선 손 바닥의 색은 **마음, 감정의 상태에 따라 순간적으로 변화**할 수 있습니다. 또 손바닥의 선은 시간의 흐름에 따라 얇은 선부터 변화하는데, 3대 기본선 (감정선, 지혜선, 생명선)의 끝부분이 변화합니다. 손금을 보는 역술인이 손금을 해석하면 손금 주인의 마음이 변화하고 **손 바닥의 빛깔이 밝아지는 경우**가 있습니다. 왜냐하면 손은 **기氣**의 출입구이기 때문입니다. 손을 마사지를 받으면 기분이 매우 좋아집니다. 실제로는 마사지사가 손을 통해 상대방의 나쁜 기운을 흡수하고 좋은 기운을 불어넣어 기의 흐름을 순환시켜 주기 때문입니다.

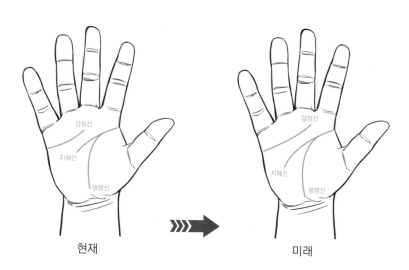

현재　　　　　　　　　　　　　미래

👋 3대 기본선 – 감정선, 지혜선, 생명선이, 1년간 2~3mm 정도 변화한 경우.

Basis 3

손금 입문자는 반드시 기본적으로 꼭 외워야 할 것.

3대 기본선과 + 4대 지선부터 기억합시다.

3대 기본선은 **생명선, 지혜선, 감정선,** 4대 지선은 **태양선, 결혼선, 운명선, 재운선**을 말합니다.

- **생명선**은 엄지손가락과 검지 사이에서 출발하여 금성구를 에워싸듯 손목 방향으로 흘러내리는 선으로 생명력과 건강 상태를 나타냅니다.

- **지혜선**은 생명선 출발점과 가까우며 엄지손가락 옆쪽에서 새끼손가락 쪽으로 향하는 선으로 흐름의 방향이나 선의 길이, 강약, 끝부분 형태, 출발점 위치 등에 따라 재능, 사고방식, 판단능력의 좋고 나쁨을 알 수 있습니다.

- **감정선**은 새끼손가락 아래, 손바닥 옆쪽에서 검지 쪽을 향하여 손바닥을 가로지르는 선. 새끼손가락 시작점과 손목까지의 거리를 4등분하여 위에서 1/4 정도의 위치에서 시작하여 중지 근처까지 뻗어 있는 것이 표준입니다.

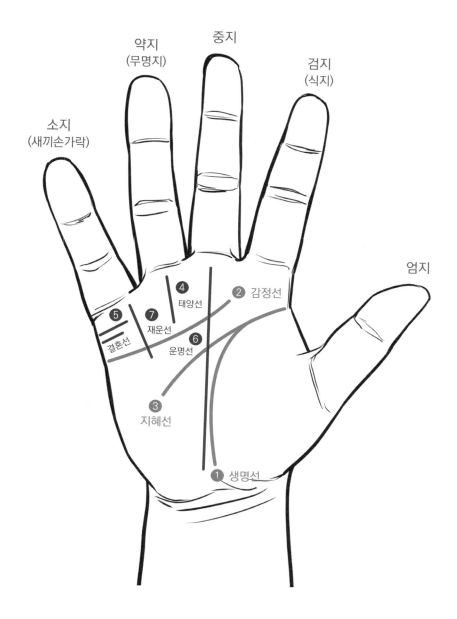

소지
(새끼손가락)

약지
(무명지)

중지

검지
(식지)

엄지

⑤ 결혼선

⑦ 재운선

④ 태양선

② 감정선

⑥ 운명선

③ 지혜선

① 생명선

3대 기본선과 4대 지선

❶ 생명선 – 건강과 생활능력을 본다. 하지만, 선의 길이로 수명을 판단해서는 안된다. 얼마큼 오래 살수 있는지 점치는 선으로 오해하고 있는 사람들이 많은데 생명선이 짧으면 단명하고, 길다고 장수한다고 단정할 수 없습니다. 남자의 경우 부인(妻)운을 나타냅니다. 위험을 직관적으로 파악하는 능력, 자신의 현재 상태와 몸을 안전하게 보호하는 능력치를 말합니다.

❷ 감정선 – 끝이 위를 향하면 이해심이 깊고, 아래를 향하면 마음이 좁다.
　　　　　 사물을 이해하고 분석하고 정리하여 처리하는 재능을 보는 선.
감정선은 직선일수록 고집이 세고 인간관계가 원만하지 않습니다.
곡선일수록 고집은 약하지만 인간관계가 좋습니다.
여성에 있어서는 남편(夫)운을 나타냅니다

❸ 지혜선 – 끝이 위를 향하면 구두쇠, 아래를 향하면 기분파
돈을 버는 능력과 소비를 조절하는 선, 즉 경제능력과 의지력을 나타냅니다.
돈에 대한 집착은 축재선(蓄財線)이 가장 강하고, 다음으로 쭉 뻗은 지혜선이 강합니다. 사슬 모양이나 꾸불거리는 지혜선은 돈에 대한 집착이 약합니다.

❹ 태양선 – 약지에 가까울수록 성공의 확률이 높다.
　　　　　 약지 밑으로 향하는 선으로 연애, 인맥, 인망(人望) 등을 나타내는 선.
태양선이 선이 두꺼우면 사람에 대한 인기 있는 운을 나타내며, 얇은 선이 약지로 향할 경우 이성에게 인기 정도를 알 수 있습니다.

❺ 결혼선 - 여러 개의 가로선은 재혼할 확률이 많다

　　　새끼손가락 밑의 손바닥 옆면에 있는 가로선.

끝부분에서 결혼운을 볼 수 있습니다.

경쟁이나 승부에 대한 기질도 볼 수 있습니다.

❻ 운명선 - 운명의 강약, 시점을 알 수 있다.

　　　손목 부위에서 시작해 중지 쪽으로 뻗은 선.

운명선이 없는 사람도 많습니다.

특히 여성은 없는 편이 좋습니다. 있으면 고생한다고들 합니다

❼ 재운선 - 수성구에 난선으로 재운과 사업능력을 알 수 있다.

　　　새끼손가락 밑에 난 선.

주로 교제능력, 외교능력, 요령 있는 사람.

사람들로부터 신뢰받는 능력을 나타냅니다.

손에 나타나는 선과 표시

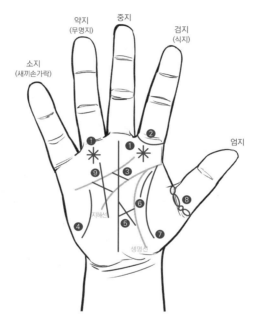

● **별 무늬**: 목성구와 태양구에 있는 것만이 좋은 뜻을 지닌다.

● **솔로몬 링**: 검지 아래에 나타난 환으로 말 그대로 특별한 지혜의 능력을 뜻한다.

● **신비의 십자**: 어떠한 어려운 경우에도 조상의 보살핌이 있다.

● **직감선**: 강한 영감, 육감, 감성 등을 나타낸다.

● **봉사십자**: '의료십자'. 라고 하며, 직업이 '의사, 간호사' 에게 많이 나타난다.

● **파트너선**: '동반자선'. 이성과의 엄밀한 시간을 나타낸다.

● **이중 생명선**: 여러 번의 큰 생명의 위기를 넘긴다. 강한 생명력을 뜻한다.

● **가족 고리**: 고리의 개수가 많을수록 여자 경우 임신할 가능성이 높으며, 고리
　　　　가 4개 이상이면 자식이 복이 많다.

● **예술 십자**: 감정선과 지혜선 사이에 선이 태양선과 겹치는 선으로 예술을 추구
　　　　하는 사람에게 많이 볼 수 있다.

손에 나타나는 선과 표시

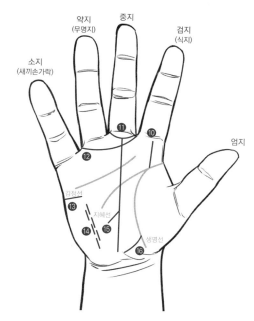

⑩ 향상선: 노력선이라고 하며, 목적의식이 강해 목표가 생기면 열정을 불태운다.
　　　　　선이 길수록 기회가 다가오고 있음을 뜻한다.

⑪ 토성환: 고독, 감수성, 탐구심 등 자신만의 스타일을 강조한다.
　　　　　한편으로는 재난, 흉으로 해석하기도 한다.

⑫ 금성환: 감수성, 성적매력(에로스 선), 예술적 감각을 나타낸다.

⑬ 반항선: 역경에 지지 않는 강한 정신력을 지닌 사람. 정의감이 강하다.
　　　　　자기주장이 강하고 속박, 간섭을 싫어 한다.

⑭ 건강선: 질병을 본다. 주로 위장 관련.

⑮ 영향선: 인간관계에서 덕을 많이 보고, 다른 사람으로부터 도움을 받을 수 있다.

⑯ 여행선: 이동, 여행, 이사 등을 나타낸다.

Basis 4

손 둔덕(구)에는 어떤 의미가 있을까?
손에 부풀어 오른 곳이 중요합니다.

손의 둔덕(구)는 우주에서 오는 **에너지를 저장하는 장소입니다.** 손가락은 우주의 에너지를 수신하는 안테나. **검지는 목성, 중지는 토성, 약지는 태양, 새끼 손가락은 수성, 엄지손가락은 금성**의 파동에너지를 수신하고 각 구에서 에너지를 저장합니다. 달은 태양의 에너지를 반사하고 각 별의 파동을 흡수하여 방출합니다. 손가락이나 손톱이 더러우면 별의 에너지를 수신하는 힘이 감소합니다.

구의 종류와 의미

❶ 목성구: 자신감, 독립심, 지배욕, 통솔력 등 자신이 속해 있는 무리를 이끄는 것을 좋아하며 야심가이고 리더십이 있다. 지시를 받는 것을 싫어한다.

❷ 토성구: 목적을 달성하기 위해 노력, 근면, 성실하다. 고독을 즐기고 사려 깊으나, 사교적이지 못하다.

❸ 태양구: 사람들로부터 주목받고 인기를 끄는 것을 좋아하고 사교성이 좋아 화려한 예술가 타입이지만, 허영심도 많다.

❹ 수성구: 사업, 장사능력, 협상력을 나타내고, 새끼 손가락이 옆에 있는 약지보다 긴 사람은 머리회전이 좋아 의사 소통이 능하다.

❺ 금성구: 생명의 에너지로 건강, 정력, 체력을 나타내며, 살집이 도톰한 것이 좋다.

❻ 제1화성구: 용기가 있고 생존경쟁에 강하며 적극성, 결단력, 투쟁적이다.

❼ 제2화성구: 현실적이고 행동력으로, 인내력, 자제력, 기질을 판단한다.

❽ 월구: 상상력, 창의적인 에너지, 영감이 발달되어 예술혼이 모인 곳이다.

❾ 지구: 조상이 있는 '저승'을 상징하며, 운명의 출발점이다.

❿ 화성평원: 오목한 것이 좋으며, 그렇지 않으면 반발심이 강해 시비가 잦다.

🖐 구의 위치와 명칭

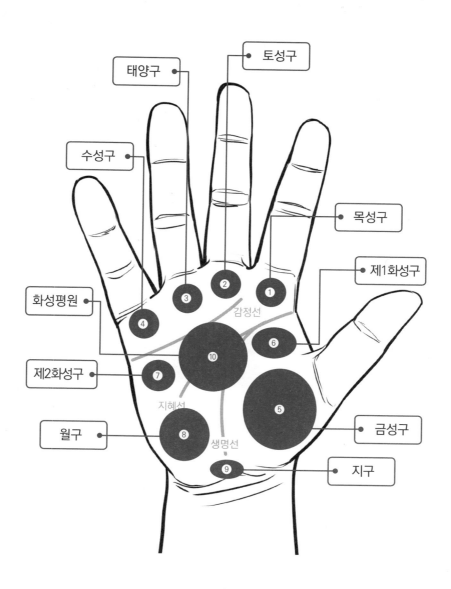

태양구

토성구

수성구

목성구

제1화성구

화성평원

④

③

②

①

감정선

⑥

제2화성구

⑦

⑩

지혜선

월구

⑧

생명선

⑤

금성구

⑨

지구

손금 체크리스트로 확인하는
내 성격 알아보기!

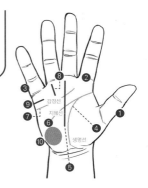

손 바닥의 다양한 특징을 체크하여 자신은 어떠한 타입인지
알아봅시다.
먼저 자신의 타입을 알고 손금의 공부를 시작해 봅시다.

A는 10점, B는 5점, C는 2점, D는 2점으로 계산하세요.
해당 페이지를 보면 당신의 성격을 알 수 있습니다.

---

① 엄지손가락 길이

A 검지 시작점과 두번째 관절 사이의
   절반보다 길다.

B 검지 시작점과 두번째 관절 사이의
   거의 절반이 된다.

C 검지 시작점과 두번째 관절 사이의
   절반보다 짧다.

② 검지와 약지 길이

A 검지가 길다.

B 약지와 검지가 거의 같다.

C 약지가 길다.

③ 새끼손가락 길이

A 약지의 첫번째 관절보다 길다.

B 약지의 첫번째 관절과 거의 같은
   길이이다.

C 약지의 첫번째 관절보다 꽤 짧다.

④ 생명선과 지혜선의 시작점은?

A 떨어져 있다.

B 겹쳐 있다.

C 생명선 안족에서 나오거나,
   특수한 형태이다.

20~30점은
→ 26페이지로 GO

32~42점은
→ 27페이지로 GO

44~56점은
→ 28페이지로 GO

⑤ 운명선 모양

A 한 가닥이 길고 뚜렷하게 그어져 있다.

B 두 가닥 이상 있으며 중간중간 끊어져 있다.

C 운명선 같은 것이 없다.

⑥ 지혜선 끝부분

A 제법 위에서 끝난다.

B 제2화성구와 월구의 거의 중간

C 월구 쪽으로 제법 밑을 향해 있다.

D 둘 다 아닌 복잡한 모양이거나 지혜선이 없다.

⑦ 감정선 모양

A 검지 쪽으로 뻗어 있다.

B 검지와 중지 사이로 들어간다.

C 검지와 중지 사이에 닿지 않는다.

⑧ 태양선 모양

A 길고 뚜렷하게 그어져 있다.

B 여러 가닥이다.

C 없다.

⑨ 결혼선 모양

A 한두 가닥이 뚜렷하게 있다.

B 세 가닥 이상이다.

C 없다.

⑩ 월구의 가로선

A 선이 없다.

B 하나에서 세 가닥 있다.

C 네 가닥 이상이다.

58~72점은	74~86점은	88~100점은
→ 29페이지로 GO	→ 30페이지로 GO	→ 31페이지로 GO

매력적이고 낭만적인 사람

인생의 목적은
사람들에게
꿈을 심어 주는 일

성격	매력적이고 낭만적인 성격.
연애	쉽게 불타오르고 쉽게 식는다.
재능	예술성을 발휘할 수 있는 분야에서 활약.
직업	화가, 디자이너, 일러스트레이터, 유튜브 크리에이터, 북디자이너, 인테리어디자이너 등.

당신은 이상과 꿈을 쫓는 사람. 사람들에게 꿈을 주는 일을 잘합니다.
당신은 분명 세상 사람들에게 기쁨과 행복을 줄 수 있을 것입니다.

당신은

외향적이고 친밀도가 높다

사교적이지만
사실 연애는 담백할 수도

웃는 얼굴이라면
누구에게도 지지 않는
미소로 승부!

성격	성격이 외향적이고 친밀도가 높다.
연애	자신은 담백하고, 상대방이 적극적.
재능	판단력, 적극성을 활용할 수 있는 분야에서 활약.
직업	약사, 컨설턴트, 학원강사, 기술사, 건축사, 통역, 가이드 등.

당신은 사람들과 만나는 것을 매우 좋아하는 타입입니다.
항상 다양한 사람들과 교류하며 대화의 꽃을 피울 수 있죠.
그렇기에 여러 분야에서의 활약이 기대됩니다.

당신은

보편적 가치관의 소유자

이상적인 결혼 상대는?
연상과 잘 통한다

나의 장점은
누구에게나 친절!

성격	성실하고, 상식이 통하는 사람.
연애	내성적인 타입. 세 살 이상의 연상이 좋다.
재능	적합한 직업이 광범위하며, 교육분야에 활약.
직업	교육 카운슬러, 공무원, 교사, 속기사 등.

당신은 공사 구분에 능한 사람. 균형 있는 삶을 사는 만큼
그다지 스트레스가 쌓이지 않죠.
여성이라면 매우 좋은 아내가 될 것입니다.

당신은

목표를 향해 노력하는 사람

연애보다는
꿈을 향해 직진

취미에 열중하다 보면
나도 모르는 사이에
프로급이!

성격	꿈을 쫓는 노력가.
연애	애교가 없어, 지인에게 소개를 받아 연애 후 결혼하는 것도 좋다.
재능	전문기술이 필요한 분야에서 활약.
직업	잡지기자, 사회복지사, 교육 카운슬러, 영양관리사, 식품위생관리사, 법관 등.

당신은 계단을 오르듯 꾸준한 노력으로 주변 사람들의 신뢰를 얻는 사람.
한걸음한걸음 꾸준히 목표를 향해 좌절하지 않고 나아갈 것이 중요 합니다.

활력 넘치는 사람

아무리 힘들어도
누구에게도 지지 않고
끈기 있게 끝을 본다.

성격	터프 함과 넘치는 활력의 소유자. 가만히 있지 못한다.
연애	사랑이 많은 사람. 쉽게 불타오르고 쉽게 식는다.
재능	사람들을 접하는 일과 날카로운 분석력이 필요한 분야에서 활약.
직업	헤어디자이너, 승무원, 프로그래머, 신문기자, 관광 가이드, 유튜브 등.

당신은 마이너스를 플러스로 바꿀 수 있는 사람.
당신의 불타는 열정이 그렇게 만든다.
약간 변덕스럽다는 것이 단점일지도 모르겠지만, 낙천적인 그것이 장점이다.

당신은

호기심 많은 활동파

화려한 연애경력
꿈을 추구하는 행동파

생각하기 전에
행동하기.
밝은 미래를 꿈꾸자.

성격	호기심이 많은 활동가.
연애	온 몸과 마음을 다하여 사랑하는 타입. 화려한 연애경력.
재능	사교성이 필요한 분야에서 활약.
직업	영화 감독, 컨설턴트, 홍보전문가, 카피라이터, 광고 아트디렉터 등.

궁금한 것은 참지 마세요. 끝까지 파다 보면 끝이 보입니다.
다른 사람이 갖고 있지 않는 창의력과 사교성이 그 분야에 최고를 만들 겁니다.

손금으로 미래 조금 엿보기

손금은 인생의 거울입니다. 현재의 심리 상태, 신체 변화 등을 나타냅니다.
그래서 손금을 알면 지금 무엇을 해야 하는지, 앞으로 무슨 일이 일어날지를
예측할 수 있어 미래를 대비할 수 있습니다.
5종류의 손금을 공부하면서, 생활에 도움이 되길 바랍니다

결혼선과 태양선이 중요	결혼선 상태 체크가 중요
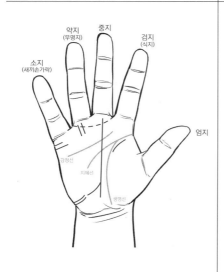	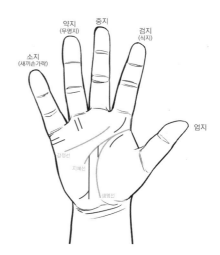
연애	**결혼**
손금은 당신의 이상형을 알려주는 좋은 조언자. 결혼선과 태양선이 중요합니다.	약간 위를 향하는 굵은 결혼선이 불그 스름하게 나타나면 결혼할 때가 다가 오고 있음을 뜻합니다.
▶ P.35	▶ P.59

재운선을 포함하여 종합적으로 판단	자신의 적성에 맞는 직업을 손금을 통해 알 수 있다.
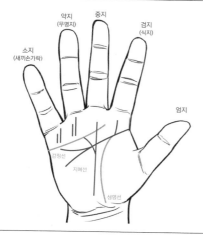	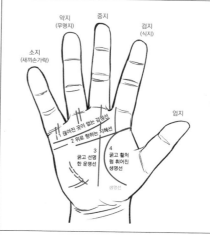
재물	**직업**
재운선의 유무는 금전운을 보는 하나의 수단이며. 그 외에도 필요한 태양선, 축재선 등이 있습니다. ▶ P.079	자신의 성격이나 재능에 맞는 직업을 선택하였는지가 중요합니다. ▶ P.105

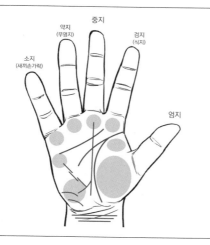	선, 색, 구, 손톱 등으로 질병을 알 수 있다
	건강
	손금 중에서도 가장 확실하게 알 수 있는 것이 건강 부분으로 선, 구, 색, 손톱 등으로 판단할 수 있습니다. ▶ P.131

연애

사랑은
기다린다고
오지 않는다.
먼저 찾아 떠나 봅시다.

♥

제일 궁금한 것은 역시 연애!
운명의 상대와 만날 수 있는 기회는 언제쯤 올까?

누구나 멋진 사람과 연애를 하길 원합니다. 하지만 자신에게 어울리는 연인을
바라기만 한다면 이루어지지 않습니다. 먼저 자신의 매력을 뽐내 보는 것이
사랑하는 사람을 찾을 수 있는 방법일지도 모릅니다. 자신의 장점을 살려보세
요. 손금은 당신의 이상형을 알려주는 좋은 조언자가 될 수 있습니다. 손바닥
에는 많은 선이 새겨져 있는데, 그 중에서도 결혼선과 태양선 사랑이 이루는
데 중요한 역할을 합니다.

POINT
- 결혼선이 붉은색 기운을 띠는지.
- 얇은 태양선이 약지에 닿는지.
- 생면선을 따라 얇은 파트너선이 있는지.

연애운이 좋은 이상적인 손금!

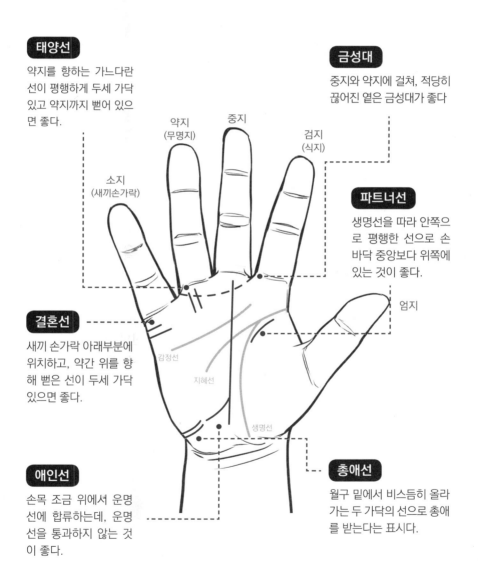

태양선

약지를 향하는 가느다란 선이 평행하게 두세 가닥 있고 약지까지 뻗어 있으면 좋다.

금성대

중지와 약지에 걸쳐, 적당히 끊어진 옅은 금성대가 좋다

소지 (새끼손가락)

약지 (무명지)

중지

검지 (식지)

파트너선

생명선을 따라 안쪽으로 평행한 선으로 손바닥 중앙보다 위쪽에 있는 것이 좋다.

엄지

결혼선

새끼 손가락 아래부분에 위치하고, 약간 위를 향해 뻗은 선이 두세 가닥 있으면 좋다.

감정선

지혜선

생명선

애인선

손목 조금 위에서 운명선에 합류하는데, 운명선을 통과하지 않는 것이 좋다.

총애선

월구 밑에서 비스듬히 올라가는 두 가닥의 선으로 총애를 받는다는 표시다.

주변에서 가만 내버려두지 않는 태양선 •━━

전성기 시작을 알려주는 신호

POINT 얇은 선 여러 가닥이 약지까지 닿으면 교제 운이 트인다는 신호입니다.
굵은 선은 진행 중인 만남을, 얇은 선은 새로운 만남의 시작을 뜻합니다.
하지만 매우 불안정하니 조심이 키워가세요.

이 선은 무슨 뜻?

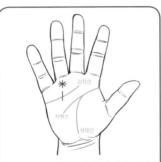

태양구에 별이 있다면 당신의 인기는 크게 상승한다는 의미. 엄청 바빠질지도 모르겠네요.

굵은 태양선이 한두 가닥 있다면 당신의 인기가 이성뿐만 아니라 주변의 인기를 한 몸에 받을 수 있다.

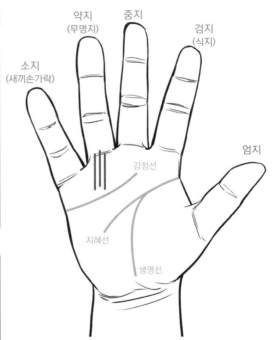

약지
(무명지)　　중지

소지
(새끼손가락)　　　　　검지
(식지)

감정선

엄지

지혜선

생명선

태 양선에는 많은 비밀이 숨겨져 있습니다. 인기운, 금전운, 교제운 등 사회관계가 좋고 나쁨뿐만 아니라 행복도를 나타냅니다. 태양선은 진하기가 아니라 맑고 깨끗한지에 따라 행복의 정도를 판단하는 것이 좋습니다.

 운을 높이는 방법

인기에 안주하지 않는 것이 중요합니다. 친절한 자세로 주변 사람들을 적극적으로 도우면 좋은 운을 부를 가능성이 높습니다.

불륜관계가 예상되요!

POINT 결혼선이 두 가닥인 경우는 두 번 결혼하거나 불륜, 삼각관계가 예상된다는
신호. 그림과 같은 경우, 불륜 관계가 될 가능성이 있습니다. 두 가닥이 굵고
새끼손가락 폭 정도의 길이라면 재혼일 가능성이 높습니다.

이 선은 무슨 뜻?

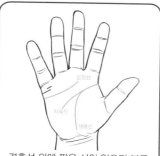

결혼선 위에 짧은 선이 있으면 불륜
의 암시. 결혼선의 섬은 현재의 불
만이 불륜으로 변화할 수도 있다.

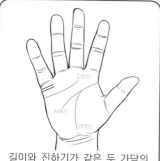

길이와 진하기가 같은 두 가닥의
결혼선이 가까이 붙어 뻗어 있으면
삼각관계의 암시.

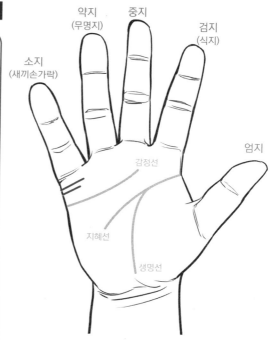

결혼선은 측면에서 보는 경우도 있지만, 측면
의 길이는 직접적인 영향을 주지 않고 마음
속에 간직한 생각을 나타냅니다. 그래서 결혼선은
손바닥을 함께 보는 것이 중요합니다. 위와 같은
선의 경우, 불륜 관계가 될 가능성이 있습니다.

 운을 높이는 방법

지나치게 인기가 많은 당신은 한눈을 팔지 않는 것이 중요합니다.
약간 뒤에서 나타나는 이성이 행운의 포인트가 될 것입니다.

당신의 매력은 지속된다

삼각관계 주의!

POINT 파트너선은 길이가 중요합니다. 길면 길수록 두 사람의 사랑의 시간이 길어
진다고 합니다. 만약 중간에 끊어져 있다면 새로운 파트너가 생길 기회일 수
도 있습니다.

이 선은 무슨 뜻?

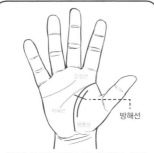

파트너선에 방해선이 있다면 현재
연애의 흐름이 끊어질 가능성이 있
습니다.

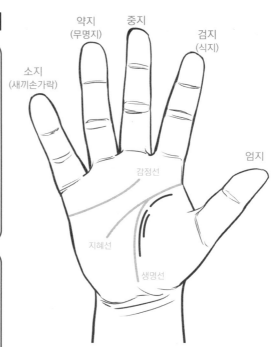

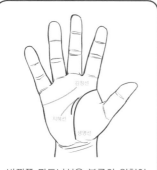

바깥쪽 파트너선은 불륜의 위험이
있습니다.

 생 명선에서 1~2mm 떨어진 거리에 바싹 붙
어 있는 얇은 파트너선을 몇 가닥이나 가지
고 있다면 당신은 이성으로부터 사랑받을 운명에
있습니다. 마음이 매우 안정되고 행복한 기운이 지
속됩니다. 단, 삼각관계에는 주의가 필요합니다.

♥ 운을 높이는 방법

파트너선은 누구에게나 있는 선이 아닙니다.
성적인 매력을 지님으로써 행운의 파트너선을 가질 수 있습니다.

위로 · 배려가 풍부한 사람

POINT 감정성을 보면 상대를 배려하는 마음을 이해할 수 있습니다. 감정선에 위로 뻗은 지선이 많이 있으면 긍정적인 사고를 나타냅니다. 우정, 연애, 가정운도 풍족합니다.

이 선은 무슨 뜻?

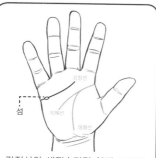

감정선의 새끼손가락 아래 부근에 작은 섬이 있으면 이성에 대한 당신의 인기는 절정.

감정선 시작점에 위로 뻗은 지선이 두세 가닥 있으면 유머와 센스가 넘치는 매력적인 사람.

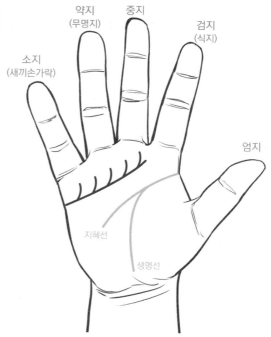

감정선의 모양을 확인하면, 당신과 그 사람의 연애 스타일을 읽을 수 있습니다. 감정선에서 위로 향하는 지선이 있으면 매우 쾌활한 성격의 소유자로 이성에게 인기가 많은 사람입니다. 특히, 중지나 약지로 향하는 지선은 곧 애인이 나타난다는 의미입니다.

 운을 높이는 방법

이 손금이 보이면 집에만 가만히 있어서는 안 됩니다.
틈틈이 외출하세요. 멋진 사랑이 기다리고 있을 겁니다.

여자에게는 좋으나, 남자에게는 나쁜 손금

성적매력, 인기가 많아요.

POINT 새끼줄 모양의 감정선은 위아래에 짧은 선이 많이 있으면, 성적 매력이 있어 인기가 좋다. 여기에 끝부분이 세 가닥으로 나누어져 있으면 배려심도 좋은 사람입니다.

이 선은 무슨 뜻?

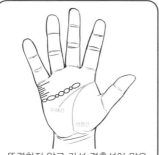

뚜렷하지 않고 가선 결혼선이 많으면. 가벼운 사랑을 여러 번할 가능성이 있습니다.

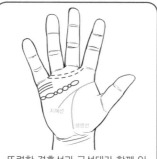

뚜렷한 결혼선과 금성대가 함께 있으면 연애에 대한 기대감은 최고로 사랑에 성공할 수 있습니다.

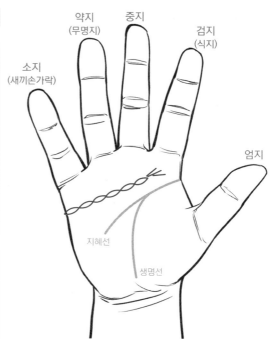

약지 (무명지)
중지
검지 (식지)
소지 (새끼손가락)
엄지
지혜선
생명선

새끼줄, 사슬 모양의 감정선은 만남과 이별을 반복하는 재혼, 불륜상 이라고도 합니다. 사슬 모양의 감정선은 중지 까지가 가장 좋습니다. 검지까지 뻗어 있으면 지나친 애정이 될 수도 있습니다.

 운을 높이는 방법

사슬모양의 감정선이 있으면 차갑고 쉽게 상처받지만, 상대에 대해서는 한결 같습니다. 그 부분이 지나치게 나타나지 않도록 감정을 조절하는 것이 중요합니다.

비너스도 놀랄 사랑의 여신

가만히 내버려두지 마!

POINT 깨끗한 금성대에서는 힘을 별로 느낄 수 없습니다. 조금 끊어져 있는 것이 좋습니다. 지나치게 순수한 한 가닥의 금성대는 비너스의 매력이 완성되지 않은 상태, 너무 극단적인 섹시큐티.

이 선은 무슨 뜻?

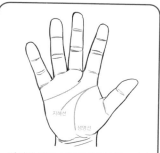

검지와 중지 사이에 포물선을 그리는 선이 있으면 당신은 이성에게 매우 친절한 사람입니다.

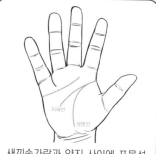

새끼손가락과 약지 사이에 포물선을 그리는 선이 있으면 당신은 비너스의 이미지를 가지고 있습니다.

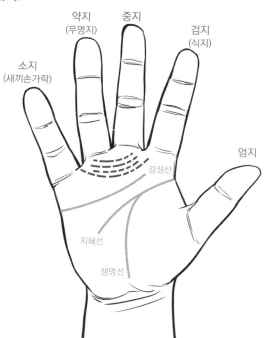

약지
(무명지)

중지

검지
(식지)

소지
(새끼손가락)

엄지

감정선

지혜선

생명선

금성대는 사랑에 대한 이미지가 응축된 선입니다. 이 선은 당신의 매력이 크면 클수록 나타납니다. 미소로 이성을 유혹할 뿐만 아니라, 스타일도 뛰어난 사람이 많습니다. 손이 비교적 작고 피부가 희며 손가락이 가늘고 끝이 뾰족해 완벽합니다.

 운을 높이는 방법

비너스도 멈칫하게 만드는 당신은 매력 덩어리, 멋진 남자친구를 구할 수 있습니다. 이런 선이 있으면 자신감을 가져도 좋습니다!

여신이 미소 짓는 행운아

POINT 태양선은 인기와 금전, 결혼선은 연애와 결혼을 나타냅니다.
결혼선이 태양선이 만나면 좋고, 통과하면 방해가 되니 조심해야 됩니다.

이 선은 무슨 뜻?

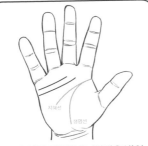

수평 이중 감정선은 '여배우선'이라는 별명을 가지고 있어 슬플 때에도 티를 내지 않고 생활할 수 있습니다.

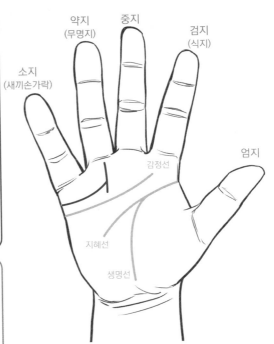

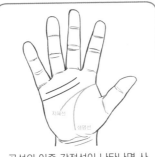

곡선의 이중 감정선이 나타나면 사랑보다 일을 선택할 가능성이 있습니다.

결혼선이 태양선과 이어지면 결혼을 통해 신분 상승할 수 있는 손금이라고 합니다. 사회적으로 지위가 높은 사람과 인연이 매여질 가능성이 높습니다. 그런 선이 있으면 당신은 행운아 입니다.

 운을 높이는 방법

결혼선은 매우 잘 변화하는 선입니다. 당신이 부정적인 생각을 하면 결혼선에 좋지 않은 표시가 나타날 수 있습니다. 항상 긍정적으로 생각하도록 노력합시다.

어디까지나 쿨한 당신이 여기에 있다 ●

담백한 매력의 소유자

POINT 곧은 감정선 옆으로 두세 가닥이 겹쳐 있는 감정선은 매우 매력적입니다.
빨래 줄 같은 올곧은 선은 상대도 당신에게 담백한 태도를 취합니다.

이 선은 무슨 뜻?

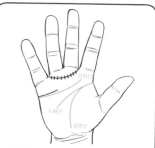

장애가 있는 금성대와 분리된 감정선이 함께 있으면 자기 중심적이고 이성에게 항상 눈을 돌리는 스타일 중 하나입니다.

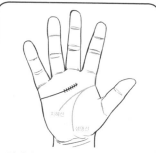

감정선 끝부분에 세로선이 많이 나타나면 감정이 부정적으로 변했을 수 있습니다.

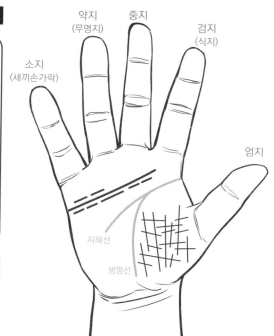

약지
(무명지)

중지

검지
(식지)

소지
(새끼손가락)

엄지

지혜선

생명선

이 감정선을 지닌 사람은 잘 놀고도, 사랑에 빠지지 않는 사람으로, 또한 금성구의 가늘고 연한 격자무늬의 지문은 애정이 풍부한 사람에게 나타납니다. 그런데 색이 진해지면 이성적 매력이 사라집니다.

 운을 높이는 방법

감정선과 결혼선은 과거 경험이나 경험을 살릴 수 있는 선입니다.
첫 번째 실패가 두 번째 실패로 이어지지 않습니다. 새로운 사랑에 도전해보세요.

나쁜 남자에게 끌려요

POINT 이 손금의 특징은 열렬한 연애와 애정관계를 나타내는데 당신의 말과 행동이 상대의 심기를 건드리면 폭행을 당할 수도 있습니다. 나쁜 남자로 만들지 않기 위해서는 응석을 받아주지 말아야 합니다.

이 선은 무슨 뜻?

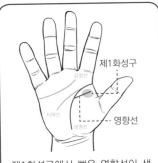

제1화성구에서 뻗은 영향선이 생명선에 닿으면 이성으로 인해 고생하게 됩니다. 헌신하다 헌신짝 됩니다.

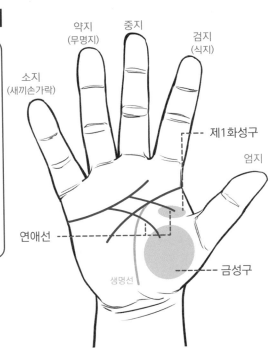

감 정선에서 아래쪽, 즉 금성구 쪽으로 뻗어 있는 긴 선을 연애선이라고 합니다. 이 선이 있으면 열렬한 연애를 하며 애인에게 사랑을 쏟아 붓습니다. 연애선한 가닥이 제1화성구로 향하면, 남자 보는 눈이 없어 왠지 나쁜 남자에게만 끌리고 맙니다.

 운을 높이는 방법

천진함과 무경계심은 표리일체. 쉽게 불타오르는 타입이라고 할 수 있으니 사랑의 불꽃이 타오르기 전에 잠시 되돌아보는 시간이 필요합니다.

이별 후 찾아온 사랑

> **POINT** 양손에 파트너선이 있으면 당신과 그 사람이 서로 사랑하는 사이입니다.
> 오른손에는 자신의 애정, 왼손에는 상대의 애정이 나타납니다.
> 머지않아 결혼으로 이어질 가능성이 높습니다.

이 선은 무슨 뜻?

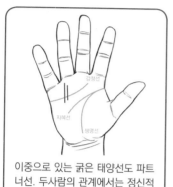

이중으로 있는 굵은 태양선도 파트너선. 두사람의 관계에서는 정신적인 결합이 더욱 강합니다.

약지
(무명지)

중지

검지
(식지)

소지
(새끼손가락)

감정선

엄지

지혜선

생명선

생 명선에 붙어 있는 파트너선은 매우 얇은 선으로, 자세히 보지 않으면 찾지 못할 수도 있습니다. 만약 파트너선이 중간에 끊어져 있다면 당신은 현재의 남자친구와 헤어져도 바로 다른 남자를 만날 수 있음을 암시합니다.

 운을 높이는 방법

파트너선은 마음의 움직임에 민감하게 반응 합니다. 지금 보이지 않는다고 낙담하지 마세요. 긍정적인 마음을 지니고 있으면 파트너선이 나타납니다.

이 선이 있으면 남자 복이 없을지도 •————————

쉽게 첫눈에 반해요.

POINT 이 지선이 감정선에서 출발했는지, 지혜선에서 출발했는지를 잘 보세요.
굵은 쪽이 뿌리입니다. 쉽게 타오르고 쉽게 식는 타입이니 때로는 참을성이
필요합니다.

이 선은 무슨 뜻?

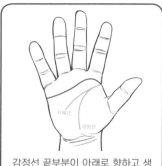

감정선 끝부분이 아래로 향하고 생
명선, 지혜선과 한점에서 만나면
감상주의자입니다.

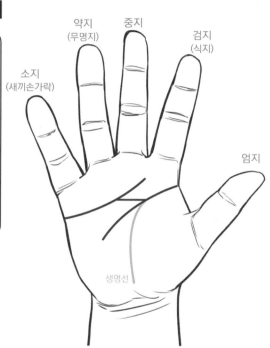

약지
(무명지)

중지

검지
(식지)

소지
(새끼손가락)

엄지

생명선

감 정선의 지선이 지혜선과 중지 아래에서 만나는 손금은 실연하면 오랫동안 힘
들어한다는 이야기가 있습니다. 사랑에 실패하면 다른 일은 아무것도 하지 못
할 정도로 우울에 빠지는 타입으로 어떤 의미에서는 순수하다고 할 수 있습니다.

 운을 높이는 방법

이 손금을 갖고있는 사람은 남에게 잘 속는 편입니다.
인생에서 사랑은 필요하지만, 도가 지나치면 독이 되니 주의하세요.

맹목적으로 상대에게 봉사한다

사랑하는 사람에게 헌신하는 것도 좋지만!

POINT 사랑하는 사람에게 헌신적인 것은 좋지만, 확신보다는 감정을 조절하는 능력
이 필요합니다. 만약 그 사람의 감정선도 당신과 같다면 훌륭한 커플이라고 할
수 있습니다.

이 선은 무슨 뜻?

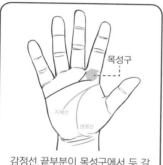

감정선 끝부분이 목성구에서 두 갈
래로 갈라지면 깊은 사이가 됩니
다. 세 가닥은 분위기를 잘 파악하
고 배려심이 깊습니다.

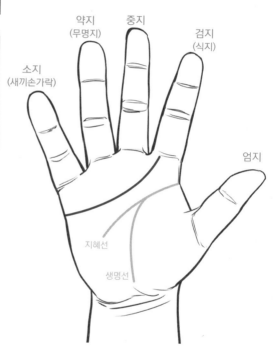

감정선이 검지에 닿는 사람은 매우 순수한 애정의 소유자로, 상대의 결점을 보
지 못 합니다. 그래서 늘 상대도 자신과 마찬가지로 깊은 애정을 가지고 있다
고 확신하죠. 만약 배신을 당한다면 비극적인 결말을 초래할 수 있습니다.

 운을 높이는 방법

이러한 선은 감상적인 감정을 뜻합니다. 정에 휩쓸리거나 쉽게 속지 않도록 주의하
세요.

상대도 모르는 당신의 숨겨진 일면

집착하는 스토커?

POINT 애인에 대한 지나친 집착과 질투심이 도를 넘으면 상대가 힘겹게 느낄 수 있습니다. 상대에 대한 한결같은 마음도 좋지만, 한번쯤 방목 상태에서 관찰하는 것도 좋습니다.

이 선은 무슨 뜻?

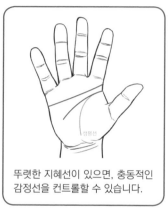

뚜렷한 지혜선이 있으면, 충동적인 감정선을 컨트롤할 수 있습니다.

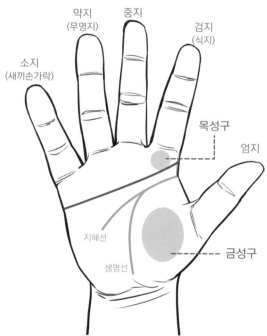

약지
(무명지)

중지

검지
(식지)

소지
(새끼손가락)

목성구

엄지

지혜선

생명선

금성구

감 정선이 목성구 측면까지 뻗은 사람은 충동적으로 상대를 속박하는 경향이 있죠. 만약 금성구가 볼록하고 지혜선의 경사가 크면 당신의 질투심과 시기심은 더욱 강해집니다.

 운을 높이는 방법

단점은 장점이 되기도 합니다. 열정적을 일이나 취미에 쏟아보세요.
그 분야에서 최고의 전문가가 될 수 있습니다.

당신은 아이스 맨?

Cool & Beauty

POINT 감정선이 짧으면 좋아하는 사람에게 사랑하는 마음은 전달하지 못하는 안타까움을 겪을 수 있습니다.

이 선은 무슨 뜻?

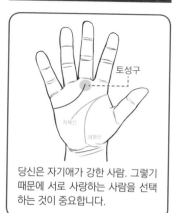

당신은 자기애가 강한 사람. 그렇기 때문에 서로 사랑하는 사람을 선택하는 것이 중요합니다.

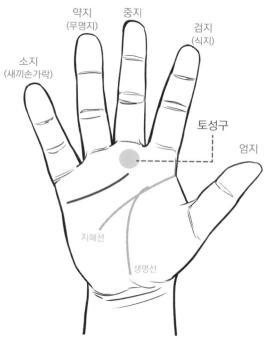

중지와 약지 사이까지 뻗은 매우 짧은 감정선이 토성구로 향한다면, 당신은 감정 표현이 서툽니다. 말 솜씨가 서툴러서 오해를 사기 쉽죠. 하지만 감정을 적당히 조절할 수 있다면, 매력적인 섹시함으로 모든 사람의 관심을 한 몸에 받을 수 있습니다.

 운을 높이는 방법

패션은 어느 시대에나 남자들에게 인기를 모으는 방법이죠. 지적인 스타일로 연출해, 쿨 함을 장점으로 바꿔 보세요.

♥ 연애에 진실한 사람

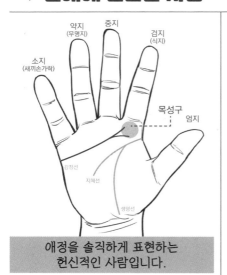

애정을 솔직하게 표현하는
헌신적인 사람입니다.

감정선 끝부분이 목성구에서 두 갈래로 갈라지는 사람은 연애에 매우 진실한 마음으로 대하고 있습니다.
연애는 결혼을 전제로 하며 상대에게 헌신적으로 행동합니다.

운을 높이는 방법

비교적 여자에게 많습니다. 연애에 대한 감점은 진실하나, 표현에 서툰 면이 있습니다. 하지만, 상대가 진실하지 않으면 다가가지 않습니다.

♥ 시비에 휘말릴 수 있어요

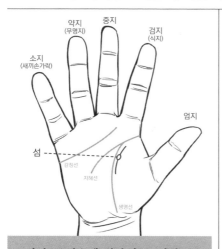

시비, 구설수에 휘말릴 수 있어요.

생명선에 붙어 있는 얇은 파트너선은 남자(여자)친구를 의미합니다. 그 파트너선에 섬이 있으면 당신의 남자친구가 뜻밖의 시비, 구설수에 말려들 수 있음을 암시합니다.

운을 높이는 방법

남친(여친)이 안 좋은 일로 휘말리지 않았는지 확인해 보세요. 빨리 대처하면 피해를 최소화할 수 있습니다.

♥ 성숙한 어른이 되어가는 과정

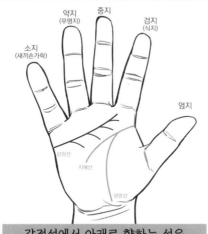

약지 (무명지) 중지 검지 (식지)
소지 (새끼손가락)
엄지
감정선
지혜선
생명선

감정선에서 아래로 향하는 선은
이별의 횟수를 말합니다.

이별을 거듭하면서 자신 도 모르게 부정적인 사고로 변해가는 것을 느낄 수 있습니다. 외모보다는 마음이 따뜻한 사람만이 상처를 감쌀 수 있습니다.

운을 높이는 방법

감정선에서 아래로 향하는 선은 누구나 두세 가닥 가지고 있습니다. 실연은 결코 나쁜 일이 아닌 성숙한 어른이 되어가는 과정이라 생각하세요.

♥ 이별도 사랑!

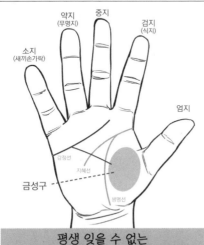

약지 (무명지) 중지 검지 (식지)
소지 (새끼손가락)
엄지
감정선
지혜선
금성구
생명선

평생 잊을 수 없는
멋진 사랑이 기다리고 있어요.

감정선에서 나온 지선이 금성구까지 뻗어 있으면 평생 잊을 수 없는 연애를 경험했거나 앞으로 경험할 수 있음을 나타냅니다. 틀림없는 엄청난 사랑이 기다리고 있어요.

운을 높이는 방법

멋진 연애를 할 수 있는 당신은 행복한 사람입니다. 하지만 한번은 이별의 아픔을 맛볼 수 있음을 잊어서는 안 됩니다.

♥ 라면 냄비 같은 사랑

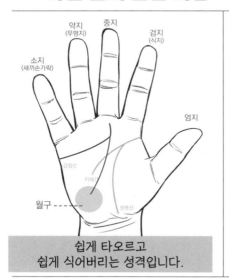

**쉽게 타오르고
쉽게 식어버리는 성격입니다.**

운명선이 월구에서 시작해 감정선과 합류한 후 중지 아래로 뻗는 선은 상대에게 쉽게 빠지고, 금방 질려 하는 성격입니다.

운을 높이는 방법

자신의 장점과 단점을 파악하고 냉정한 눈을 기르는 것이 중요합니다.

♥ 사소한 일로 자주 싸워요.

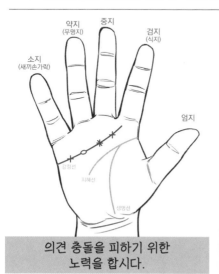

**의견 충돌을 피하기 위한
노력을 합시다.**

감정선 위에 섬, 별, 방해선, 십자 등이 있는 사람은 감정이 불안정 함을 뜻합니다. 연애 기간 중 의견 충돌로 이별까지 하지 않도록 주의가 필요합니다.

운을 높이는 방법

사소한 일로 싸우는 단점이 있다는 것을 평소에 알고 있으면, 의견충돌은 사전에 피할 수 있습니다.

♥ 섹스에 의존하는 연애

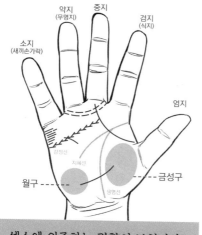

섹스에 의존하는 경향이 보입니다.

비정상적으로 많은 결혼선, 어지러운 금성대와 감정선, 월구에서 금성구로 향하는 방종선 등은 육체적 욕구가 지나친 사람에게 나타납니다.

운을 높이는 방법

제1화성구에서토성구로 향하는 활 모양의 성애선은 위험한 선입니다. 과유불급. 조절이 필요 합니다.

♥ 갑작스러운 이별 이야기

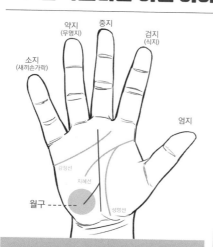

대화 없는 만남이 사랑의 파국으로

월구에서 운명선으로 향하는 가는 영향선은 애인선이라고도 불립니다. 끝부분이 운명선을 관통하면 이 연애는 이루어지지 않습니다.

운을 높이는 방법

두 사람의 관계를 돌아보며 개선할 수 있을지 서로 이야기하는 것이 중요합니다. 말하지 않은 불만을 가지고 있을 가능성이 있습니다.

손금 이것이 궁금해요

손금 이외에 손 바닥, 손가락, 손톱 등
나타나는 여러가지, 모양, 색, 점에 대해 알아보겠습니다.

Q

손에 있는 점이
신경 쓰입니다.

A

**위치에 따라
의미가 다릅니다.**

점은 살아 있는 점과 죽은
점이 있습니다.

죽은 점은 색이 좋지 않으
며 둔덕(구)의 의미를 약
화시킨다는 의미입니다.

살아 있는 점은 윤기가 나
고 죽은 점과 반대의 의미
입니다. 손바닥이나 발바
닥에 생기는 점이 2mm
이상인 경우에는 피부과
에서 진단을 받아 보세요.

살아있는 점

태양구는 살아 있는 점이라도 좋지 않습니
다. 허영심이 많고 허세가 있으며 금방 싫증
을 내는 성격입니다.

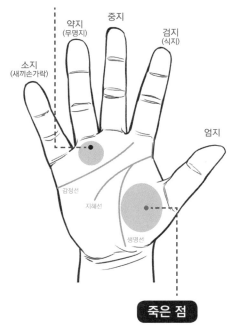

죽은 점

금전운이 별로 좋지 않고
연애 문제로 고생합니다.
가족과 싸움이 잦습니다.

Q

손의 색이 신경 쓰입니다.

A

비정상적으로 색이 올라오는 경우 주의가 필요합니다.

손바닥 색이 나쁘면 손금의 좋은 의미가 사라집니다.

너무 진한 빨간색은 고혈압, 흰색은 저혈압일 가능성이 있으며 파란색은 순환기계가 약하고 불만을 안고 있을 수 있습니다.

정맥이 도드라지면 변비, 거무스름하면 신장에 주의가 필요하며, 노란색은 신경질적이고 짜증을 잘 내며, 빨간색과 흰색 점은 콜레스테롤 수치가 높음을 암시합니다.

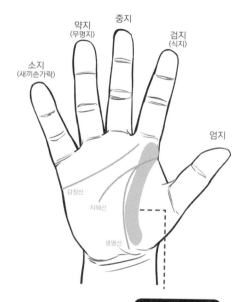

소지
(새끼손가락)

약지
(무명지)

중지

검지
(식지)

엄지

감정선

지혜선

생명선

비정상적인색

금성구의 생명선 부근이 회색으로 변했을 때에는 간에 이상 신호일 수 있습니다.

Q

손바닥에 갑자기
점이 생겼습니다.

A

질병이나 부상을
알리는 징조입니다

생명선 위에 갑자기 점이 생
길 수 있습니다. 이 경우 질
병이나 부상 등이 일어날 수
있다는 징조입니다. 색에 따
라 병, 부상정도의 크기를
사전에 알 수 있으니 충분한
주의가 필요합니다.

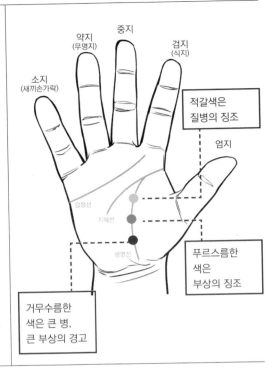

중지

약지
(무명지)

검지
(식지)

소지
(새끼손가락)

적갈색은
질병의 징조

엄지

감정선

지혜선

생명선

푸르스름한
색은
부상의 징조

거무수름한
색은 큰 병,
큰 부상의 경고

Q

손목에 있는 선은 무슨 뜻인가요?

A

여성의 경우 임신 능력을 나타냅니다.

손목의 선은 건강 상태를 파악할 수 있는 것 중 하나이지만 그다지 중
요시하는 선은 아닙니다. 고대 그리스 문명 시대에는 손목선이 아치
모양인 여성은 체질이 약해 아이를 가질 수 없다고 했다고 합니다.

직선에 선명한 선
세 줄의 명료한 선은 건강
한 체질로 장수할 수 있습
니다.

사슬 모양
조금 떨어져 지나는 사슬
모양이 아니라면 문제없습
니다.

볼록한 모양
남녀 모두 신경질적이고
체질이 약해 섹스가 힘들
며, 여성의 경우 불임 확률
이 높습니다.

Q	**A**
손톱 색이 좋지 않습니다.	손톱은 장의 건강 상태

● 손톱의 반월과 색을 주의해서 관찰합니다.

1. 반월이 없으면 몸이 피로하다는 의미입니다.

2. 손톱 색은 엄지손가락을 중심으로 판단하며 색이 좋지 않을 때에는 심장 트러블을 의심해야 합니다.

3. 엄지 손톱 색은 괜찮아도 새끼 손톱이 불그스름하면 여성은 호르몬 분비에 주의가 필요합니다.

납작한 손톱
소화기 불량인 사람의 손톱은 대체로 납작한 경우가 많습니다.

비뚤어진 손톱
폭이 상당히 좁고 긴 손톱은 칼슘 부족이 원인인 척추 질병에 주의해야 합니다.

세로줄이 많은 손톱
노이로제, 수면부족으로 피로. 중년 이후라면 누구나 있습니다.

작은 손톱
순환기계 이상으로, 50세 이상 중 이 손톱을 가진 사람은 주의가 필요합니다.

결혼

우선 결혼선의
상태부터
확인합시다.

♥

이상적인 결혼 상대는?
언제쯤 결혼할 수 있을까?
결혼 후의 생활까지, 손금으로 모든 것을 알 수 있습니다.

먼저 처음에 보는 것은 결혼선의 상태입니다. 조금 위를 향하는 굵은 결혼선
에 붉은 기가 돌면 당신의 결혼 적령기가 다 되었음을 의미합니다. 그리고 74
페이지에 있는 행운을 부르는 결혼의 징표 LUCKY7을 확인합시다. 양손에서
향상선, 파트너선, 체크마크, 개운선 등을 보고 복합적으로 판단해야 합니다.
결혼 적령기에 대해서는 77페이지의 유년을 확인하는 것이 중요합니다.

POINT
• 굵고 쭉 뻗은 붉은 기운을 띤 결혼선이 있는지.
• 약지에 닿는 굵은 태양선이 있는지.
• 결혼의 LUCKY7 징표를 확인해 보자.

결혼운이 좋은 이상적인 손금!

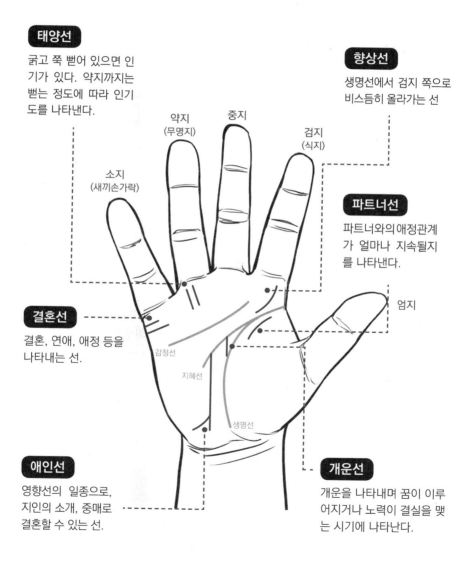

태양선

굵고 쭉 뻗어 있으면 인기가 있다. 약지까지는 뻗는 정도에 따라 인기도를 나타낸다.

향상선

생명선에서 검지 쪽으로 비스듬히 올라가는 선

약지
(무명지)

중지

검지
(식지)

소지
(새끼손가락)

파트너선

파트너와의 애정관계가 얼마나 지속될지를 나타낸다.

엄지

결혼선

결혼, 연애, 애정 등을 나타내는 선.

감정선

지혜선

생명선

애인선

영향선의 일종으로, 지인의 소개, 중매로 결혼할 수 있는 선.

개운선

개운을 나타내며 꿈이 이루어지거나 노력이 결실을 맺는 시기에 나타난다.

최고의 결혼은 당신의 것

행복한 신분상승

POINT 결혼선 끝부분이 태양선에 합류하는 손금으로 쉽게 볼 수 없는 타입. 금전운, 성공, 명예 등 행운을 나타내는 태양선과 만나니 꽃가마를 탈 가능성이 높다.

이 선은 무슨 뜻?

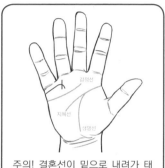

주의! 결혼선이 밑으로 내려가 태양선을 관통하면, 결혼 때문에 재산이나 지위를 잃을 수 있습니다.

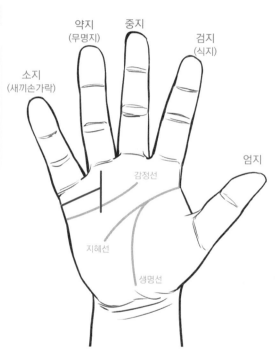

뚜렷하게 나온 결혼선이 뻗은 형태로, 끝부분이 태양선에 합류해 약지의 시작점 근처까지 뻗어 있는 손금으로, 이 손금이 있는 분은 재력 있는 사람과 행복한 결혼하여 신분이 상승할 가능성이 높다는 것을 의미입니다. 결혼에 대해서는 아무런 걱정도 필요 없습니다.

👫 운을 높이는 방법

기회를 놓치지 않는 것이 중요합니다. 당신이 꽃가마를 탈 수 있는 기회라고 느꼈다면 상대를 확실히 잡아야 합니다.

감정선으로 알 수 있는 결혼의 경향

이상적인 결혼상대

POINT 진심으로 애정 넘치는 성격을 지닌 사람으로, 차분하고 상식선에서 행동하는 사람입니다. 여성인 경우에는 매우 가정적입니다. 다정하게 애정을 쌓으면 배신을 모르는 충실한 사람입니다.

이 선은 무슨 뜻?

정신적으로도 물질적으로도 안정되어 있어 가정에서도, 사회생활도 편안하게 생활할 수 있는 사람입니다.

누구에게나 사랑받는 밝은 성격의 소유자로 순수하고 풍부한 애정을 지닌 사람입니다. 가정에 매우 충실합니다.

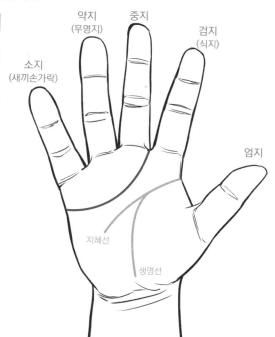

감정선에는 결혼의 경향이 나타납니다. 이중 감정선이라면 두 번 또는 그 이상 결혼할 가능성도 있습니다. 감정선의 끝부분이 검지와 중지 사이로 들어가는 사람은 좋아하는 상대에게 헌신을 아끼지 않는 스타일 입니다. 만약 어머님, 아버님이 그렇다면 당신은 행복한 가족의 구성원입니다.

👰 운을 높이는 방법

이런 감정선을 지닌 사람은 결혼 상대로 최고입니다. 애정 문제에서 실패를 맛보는 일이 거의 없어 행복한 결혼생활이 가능합니다.

원하는 사람과 아직 만나지 않았다?!

조바심은 금물

POINT 연애보다 자신이 하고 싶은 일을 우선하고 있는 상황일 수 있습니다.
이 선이 진할 때에는 보통 그냥 사람 이성만 다가올 가능성이 높습니다.

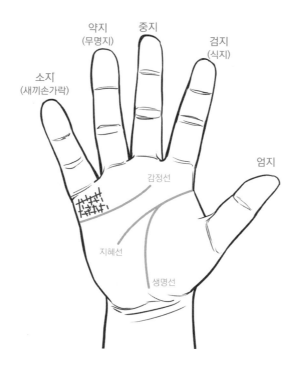

결 혼선에 가로세로선이 연하게 격자 무늬로 있는 사람은 진심으로 결혼하고 싶은 이성과 아직 만나지 못했거나, 결혼하고 싶은 마음이 아직 없다고 할 수 있습니다. 이상적인 결혼 상대가 나타났다면 이 격자무늬가 사라질 것입니다.

👫 운을 높이는 방법

이런 결혼선이 있어도 조바심 내지 말고 기다리세요. 결혼할 시기는 반드시 다가올 테니 포기하지 마세요.

싸움이 끊이지 않는 상태가 지속된다 ●

결혼생활의 실패

POINT 이런 선이 생길 경우, 좋지 않은 상황에 빠질 위험이 높으니 빨리 부부간의 응어리를 없애도록 노력해야 합니다.

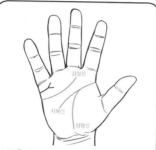

결혼선 끝부분이 두 갈래라면 결혼생활이 원만하지 않으며 별거, 이혼 등을 암시합니다.

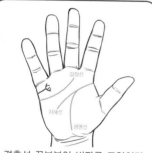

결혼선 끝부분이 빗자루 모양이라면 부부가 권태기에 들어갔음을 의미하는 상태.

이 선은 무슨 뜻?

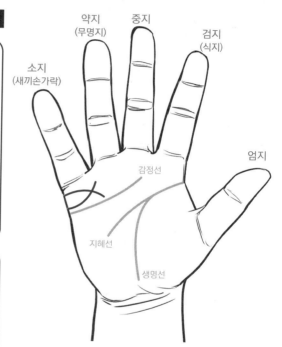

약지
(무명지)

중지

검지
(식지)

소지
(새끼손가락)

감정선

엄지

지혜선

생명선

두 줄의 결혼선 끝부분이 교차하면 불행한 결혼생활을 암시합니다. 부부 사이의 애정이 완전히 식어 불만이 쌓이거나, 부부간에 의견충돌로 싸움이 끊이지 않는 상태에 빠질 가능성이 높습니다.

👫 운을 높이는 방법

상대에 대한 마음이 식은 상태이니 배려심을 가지고 대처할 것을 명심하는 것이 중요합니다.

배우자가 건강에 문제가 생겨!

배우자 운이 나빠지는 경우

POINT 결혼선 아래로 가느다란 선이 아래로 내려와 있는 경우는 서로가 불행해짐을
암시하므로 결혼 전이라면 무리하지 않는 편이 좋습니다.

이 선은 무슨 뜻?

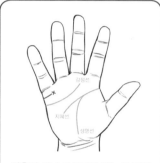

결혼선 위나 끝부분에 있는 X 표시
는 배우자의 불행을 의미합니다.

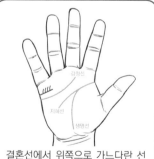

결혼선에서 위쪽으로 가느다란 선
이 여러 줄 있으면 배우자 운이 떨
어집니다.

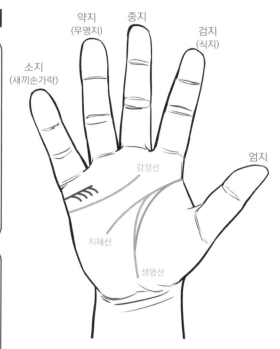

결 혼선에 아래로 향하는 가느다란 선이 여
러 줄 있으면 배우자의 건강이 좋지 않음
을 뜻합니다. 생명선이 연하고 짧으면 체질이 허
약하여 고질병, 부상 등 정신적인 스트레스를 잘
받는 경향이 있습니다.

👫 운을 높이는 방법

배우자의 건강 관리를 확실히 해줄 것. 결혼 전이라면 시기를 바꾸거나 한번쯤
고민해보는 것도 좋습니다.

두 개의 사랑, 어느 쪽으로 하지?!

두번의 결혼

POINT 만약 두개의 뚜렷한 결혼선이 양손에 있으면 대부분 두 번 결혼할 가능성이 높습니다. 두 번이라고 해도 같은 상대와 두 번일 수도 있습니다.

이 선은 무슨 뜻?

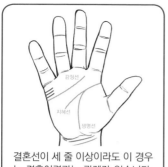

결혼선이 세 줄 이상이라도 이 경우는 결혼이력과는 관계가 없습니다. 숫자는 사랑하는 이성의 수를 의미하기도 합니다.

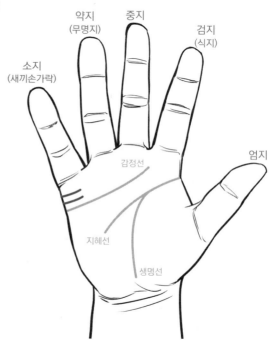

결 혼선 두 줄의 길이가 거의 같고 깊으면 두 번의 연애 중 한 번은 결혼을 결정한다고 할 수 있습니다. 또는 한 번 결혼한 후 다른 상대와 재혼한다는 의미일 수도 있습니다.

👫 운을 높이는 방법

설사 양손에 더 많은 결혼선이 있더라도 노력하면 두 번째 결혼을 피할 수 있습니다. 그 경우, 두 번째 선이 자식운을 나타냅니다.

이혼 문제로 발전할 수도

부부사이의 위기

POINT 결혼선이 아래쪽으로 큰 커브를 그리면서 중간중간 끊어지거나, 섬이 있으며, 생면선으로 향하는 각각의 경우 결혼 생활의 위기를 의미합니다.

이 선은 무슨 뜻?

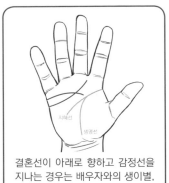

결혼선이 아래로 향하고 감정선을 지나는 경우는 배우자와의 생이별, 사별을 뜻합니다.

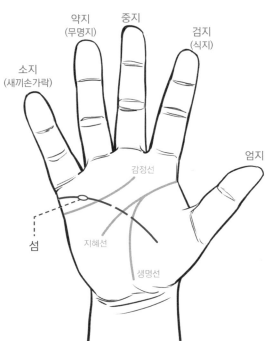

결혼선이 아래쪽으로 크게 커브를 그리고 끝부분이 생명선 안쪽까지 도달하면 부부 사이의 위기를 암시합니다. 이혼 문제로 발전할 다양한 문제가 일어날 수도 있습니다. 만약 결혼선에 섬이 있으면 원인은 바람일 가능성이 높습니다.

👫 **운을 높이는 방법**

당신이 이런 손금인 경우, 같을 손금을 가진 사람을 배우자로 선택하면 그 위험을 피할 수 있을 가능성이 높습니다.

변덕스러운 사랑

POINT 결혼선이 많은 사람은 깊은 관계를 맺는 이성을 많이 만나게 됩니다.
이성과 비즈니스 관계도 좋아 유흥업, 연애인도 잘 맞습니다. .

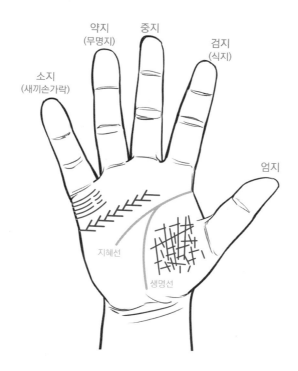

약지
(무명지)

중지

검지
(식지)

소지
(새끼손가락)

엄지

지혜선

생명선

결혼선이 많으면 매우 다정한 성격이라 이성과의 관계가 복잡할 가능성이 높습니다. 만약 금성구에 가로세로로 격자 주름이 많거나, 감정선이 복잡하면 성적인 문제를 일으킬 가능성이 높아 행복한 결혼을 기대하기는 어렵습니다.

👫 운을 높이는 방법

이런 손금을 지닌 사람은 본인은 그런 마음이 아니더라도, 상대에게 착각을 불러일으킬 수 있으니 행동에 주의가 필요합니다.

언젠가는 소원이 이루어집니다

고생 끝에 결혼에 성공

POINT 결혼선은 시작부분보다 끝부분의 형태가 매우 중요합니다.
이러한 결혼선은 끝부분이 올곧고 깔끔하다면 걱정할 필요가 없습니다.

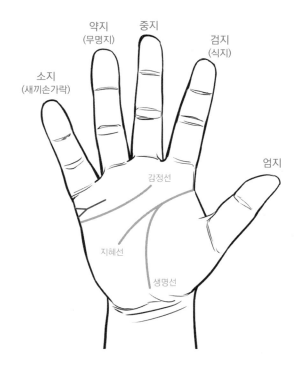

약지
(무명지)

중지

검지
(식지)

소지
(새끼손가락)

엄지

감정선

지혜선

생명선

결 혼선이 두 갈래로 갈라져 시작해서 합치는 손금은 두 사람 사이에 장애물을 극복하고, 소망이 이루어져 결혼할 수 있음을 나타냅니다. 처음에는 주변의 반대, 간섭으로 고생하지만 결국은 소원이 이루어져 함께 할 수 있을 것입니다.

👫 운을 높이는 방법

당신이 이런 손금인 경우, 같을 손금을 가진 사람을 배우자로 선택하면 그 위험을 피할 수 있을 가능성이 높습니다.

결혼에는 관심이 없다 •────────────

전업주부는 맞지 않아!

POINT 한 가닥의 결혼선이 튀어 오르거나, 올곧은 결혼선에서 나온 긴 지선이 위로 튀어 오르는 것은 모두 같은 의미입니다. 성격은 남성적이고, 여장부가 될지도 모르겠네요.

이 선은 무슨 뜻?

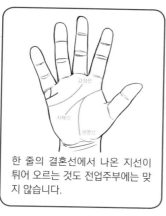

한 줄의 결혼선에서 나온 지선이 튀어 오르는 것도 전업주부에는 맞지 않습니다.

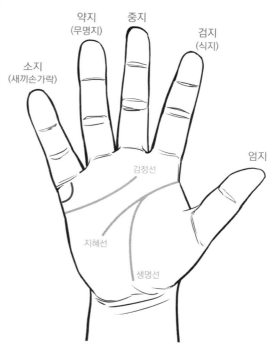

결 혼선 끝부분이 작게 튀어 올라 새끼손가락으로 향하면 그 사람은 결혼이 늦음을 나타냅니다. 즉 결혼하지 않거나 매우 늦은 결혼을 암시하죠. 남편운도 없다고 할 수 있습니다. 그러나 사회생활에서 큰 두각을 나타낼 수 있습니다.

👫 운을 높이는 방법

만약 결혼한다면 맞벌이를 하거나, 출장이 많은 직업인 사람을 선택하는 것이 현명하다고 할 수 있습니다.

결혼 후 정서 불안?!

불륜의 주인공

POINT 결혼선 끝부분과 평행한 한 줄의 선은 애인을 나타내는 표시입니다.
만약 이 선이 결혼선 위에 있다면 결혼 후에 애인이 생겨 바람이 난다는 뜻입
니다.

이 선은 무슨 뜻?

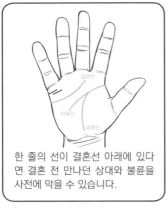

한 줄의 선이 결혼선 아래에 있다
면 결혼 전 만나던 상대와 불륜을
사전에 막을 수 있습니다.

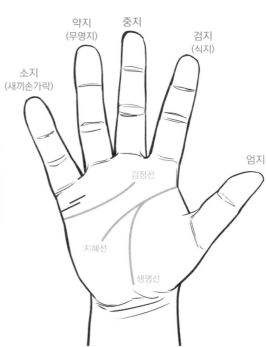

불 륜을 저질렀을 경우나, 결혼생활에서 정서가 불안정해졌을 때 이러한 선이 나
타날 수 있습니다. 또 결혼선 위에 한 줄이 나타나는 경우에는 상대에 대한 정
복심을 나타내기도 합니다.

👫 운을 높이는 방법

한 줄의 선이 아래에 있다면 부부 사이가 수렁에 빠지지 않도록 잘 생각하며 행동
하는 것이 중요합니다.

가난이나 피폐함을 암시 ●

이혼은 하지 않겠지만

POINT 배우자가 바람을 피거나 결혼으로 인해 악영향을 받지만 이혼은 하지 않습니다. 또 이혼하고 싶다고 생각해도 실제로는 하지 못할 수 있습니다.

이 선은 무슨 뜻?

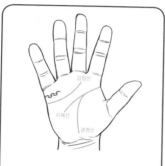

결혼선이 사슬 모양이면 누구와 결혼해도 만족을 얻을 수 없습니다.

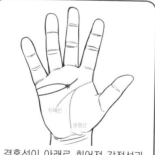

결혼선이 아래로 휘어져 감정선과 만나는 부분에 별이 있으면 배우자와 사별할 가능성이 있습니다.

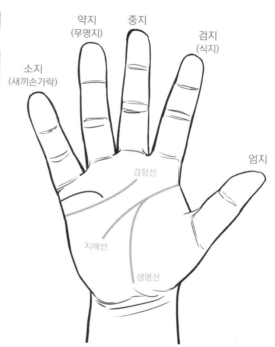

결혼선이 약지 아래쪽을 향한 커브를 그리면 결혼운이 좋지 않아 배우자로 인해 고생한다는 뜻입니다. 가난에 시달리거나, 오랜 병 수발로 피곤한 삶을 살게 됩니다.

👫 운을 높이는 방법

불만을 잔뜩 품은 채 살아가게 되면 점점 운기가 떨어집니다. 긍정적인 생각을 갖는 것이 중요 합니다.

방해꾼 때문에 결혼이 어려워요

POINT 결혼선이 장애선을 관통해 앞으로 뻗은 경우는 고생 끝에 결혼할 수 있을 수 있습니다. 그러나 약혼한 경우라도 제삼자의 방해가 시작될 수도 있습니다.

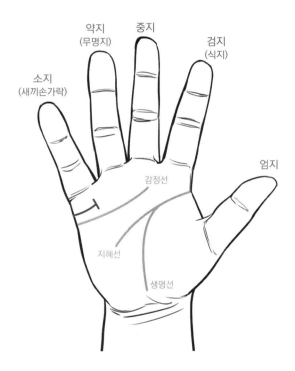

결 혼선의 끝이 장애선에 막혀 멈춘 경우, 두 사람에게 장애물이 생겨 결혼이 힘들다고 생각 하면 됩니다. 이상적인 상대가 나타났더라도 이 선이 있는 동안에는 장애물을 극복하기 어렵다고 할 수 있습니다.

👫 **운을 높이는 방법**

이런 선이 나타났을 때에는 다양한 문제가 이어질 가능성이 높으니 결혼까지 생각한다면, 명쾌하게 결론을 지으세요.

질투심으로 상대를 속박한다

연애만, 결혼은 포기하는 것이 상책

POINT 결혼선이 금성대를 가로지르는 경우, 제멋대로인 성격이라 방탕한 생활을 할
확률이 높습니다.

이 선은 무슨 뜻?

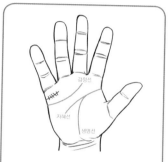

결혼선이 톱날처럼 생긴 것은 부부
사이가 원만하지 않다는 징표.

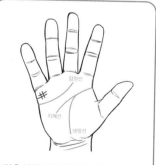

결혼선에 격자무늬가 있으면 배우
자가 입원한다는 뜻입니다.

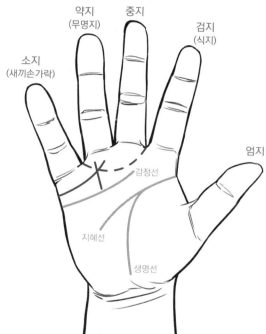

결 혼선이 뻗어 금성대 안쪽으로 들어가고, 태
양선을 관통하는 경우에는 상승운에서 하
락운으로 서서히 변할지도 모릅니다.

운을 높이는 방법

불만이 쌓이지 않도록 서로 적절한 휴식을 취하는 것이 중요합니다.

행운을 부르는 결혼의 표시
LUCKY7

이상적인 결혼 상대는?
언제쯤 결혼할 수 있을까?
결혼 후 부부생활까지 알 수 있습니다.

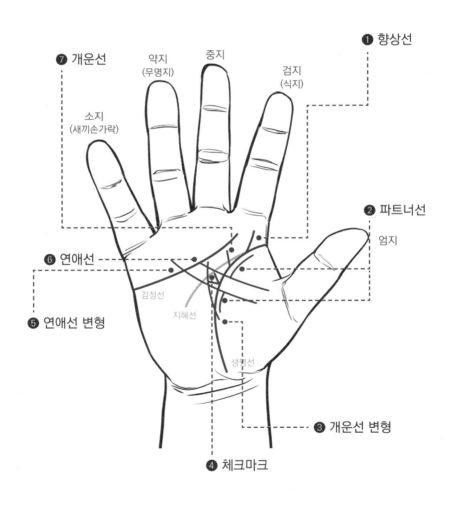

❶ 향상선
❼ 개운선
약지 (무명지)
중지
검지 (식지)
소지 (새끼손가락)
❷ 파트너선
엄지
❻ 연애선
감정선
지혜선
❺ 연애선 변형
생명선
❸ 개운선 변형
❹ 체크마크

1. 목표 달성이 얼마 남지 않은 **향상선**

생명선에서 위로 올라가는 선. 이 선은 꿈이나 목표 달성을 위한 열정을 나타냅니다. 이 선이 나타나면 결혼이 성사될 가능성이 높습니다.

2. 행복한 결혼의 상 **파트너선**

이 선은 서로 사랑한다는 뜻으로 행복한 결혼을 나타내는 상입니다. 파트너선이 출발하는 곳이 결혼하는 시기를 나타냅니다.

3. 가족의 지원이 있을 듯한 개운선 **변형**

가족의 지원으로 운이 열리므로 결혼 가능성도 높다고 할 수 있습니다. 생명선 안쪽에서 시작해 중지로 향하는 선은 개운선의 변형입니다.

4. 두 명으로부터 프로포즈 받는 **체크마크**

체크 표시가 생명선에 닿아 있으면 두 명의 이성으로부터 프로포즈를 받는다는 뜻입니다.

5. 연애선과 같은 연애선 **변형**

감정선과 생명선을 통과하여 금성구로 흘러 들어가는 선은 연애선의 의미를 가집니다. 연애선이 중간중간 끊어져 있어도 효과는 같습니다.

6. 결혼시기를 나타내는 **연애선**

감정선에서 나온 지선이 금성구로 들어가는 것으로 감정적인 연애를 경험함을 암시합니다. 몇 가닥이 있는 경우 결혼시기를 나타냅니다.

7. 이제 곧 결혼! 개운선

생명선에서 위로 오르는 지선으로 길이는 1~2cm. 결혼 적령기인 경우, 결혼할 가능성이 높다고 할 수 있습니다.

언제쯤 이런 일이 생길까? 이것을 '유년법'이라고 하는데,
생명선, 운명선을 기준으로 자세히 알려드리겠습니다.

Q

저는 언제쯤 결혼할 수
있을까요?

A

유년법을 사용하면
혼기가 보입니다.

결혼선으로 여성의 혼기
를 알려면 생리가 시작된
해(年)를 감정선, 생리가
끝나는 해를 새끼손가락
의 기저선으로 삼아 1/2
지점을 기준으로 계산합
니다. 보통 여자의 생리가
14세에 시작되고 49세에
끝나는데, 기준점은 32세
가 됩니다. 결혼선이 이 기
준점보다 위에 있는지 아
래에 있는지에 따라 판단
합니다.

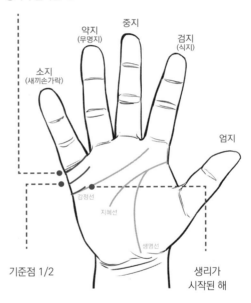

결혼선으로 대략적인 나이를 파악했다면,
그 다음생명선, 운명선에 나타내는 징조를 봅니다.
여기에서도 생명선과 운명선의 유년이 필요합니다.

🖐 생명선 유년을 보는 방법

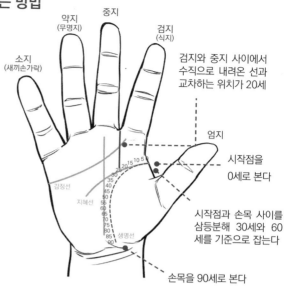

검지와 중지 사이에서
수직으로 내려온 선과
교차하는 위치가 20세

시작점을
0세로 본다

시작점과 손목 사이를
삼등분해 30세와 60
세를 기준으로 잡는다

손목을 90세로 본다

🖐 운명선 유년을 보는 방법

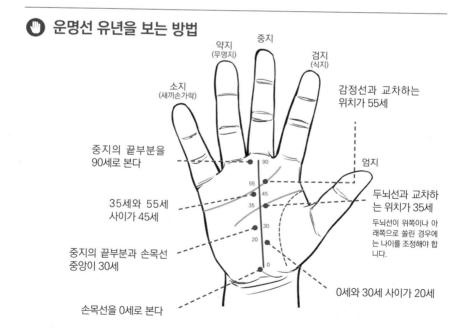

감정선과 교차하는
위치가 55세

중지의 끝부분을
90세로 본다

35세와 55세
사이가 45세

두뇌선과 교차하
는 위치가 35세

두뇌선이 위쪽이나 아
래쪽으로 쏠린 경우에
는 나이를 조정해야 합
니다.

중지의 끝부분과 손목선
중앙이 30세

손목선을 0세로 본다

0세와 30세 사이가 20세

재물운

재물운은 가만히 있으면
좋아지지는 않는다.
노력과 실력으로
부자가 되는 능력을 키우자.

♥

누구나 궁금해하는 재물운.
부자, 구두쇠, 된장녀 나는 어느 타입일까?

나는 재물운이 있는지 없는지는 손은 정직하게 말해줍니다. 재물운이 있는 사람의 손은 어떤 손금을 가지고 있을까? 재운선이 있다고 재물운이 반드시 좋다고 할 수는 없습니다. 재운선이란 새끼손가락 아래 수성구에 있는 세로줄로 수성선을 말합니다. 재운선은 재물운을 읽는 하나의 수단으로 이외에도 필요한 선이 몇 가지 있습니다. 금전운이 있는 손금은 어떤 것인지 알아봅시다.

POINT
- 굵고 긴 지혜선이 있다.
- 굵고 올곧은 재운선과 지혜선이 있다.
- 손의 구(둔덕)가 많이 부풀어 있다.

재물운이 좋은 이상적인 손금!

재운선

수성선으로도 불리는 재운선은 길이가 3cm 정도로, 바늘을 세운 모양이라면 금전운이 안정적이다.

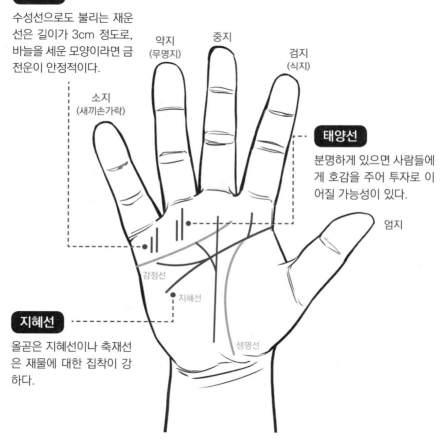

약지
(무명지)

중지

검지
(식지)

소지
(새끼손가락)

태양선

분명하게 있으면 사람들에게 호감을 주어 투자로 이어질 가능성이 있다.

엄지

감정선

지혜선

지혜선

올곧은 지혜선이나 축재선은 재물에 대한 집착이 강하다.

생명선

당신에게 강력한 지원군이 나타날지도 •

지인의 덕을 보는 재물운

POINT 월구에서 운명선으로 흘러 들어가는 영향선은 그 사람에 대한 인기도를 나타냅니다. 당신은 지인들로부터 신뢰와 강력한 지원을 약속 받는다고 할 수 있다.

이 선은 무슨 뜻?

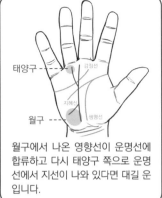

태양구
감정선

지혜선
월구
생명선

월구에서 나온 영향선이 운명선에 합류하고 다시 태양구 쪽으로 운명선에서 지선이 나와 있다면 대길 운입니다.

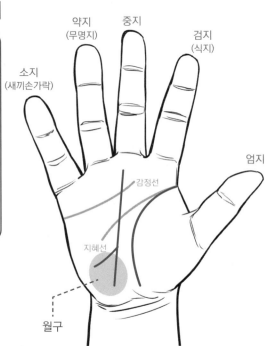

약지
(무명지)

중지

검지
(식지)

소지
(새끼손가락)

엄지

감정선

지혜선

월구

월구 중앙에서 시작해 비스듬하게 올라가 운명선과 합류하는 영향선은 주변 지인들로부터 많은 영향을 받습니다. 운명선을 관통하면 사기나 배신을 당할 수도 있으니 주의를 요함.

💲 운을 높이는 방법

재물운을 좋게 만들기 위해서는 주변 지인 들로부터의 신뢰와 인기가 중요하다는 사실을 잊지 마세요. 이기적인 행동을 하지 않는 것이 중요합니다.

지혜선의 길이는 재물운

POINT 지혜선이 짧을수록 직접 본질을 꿰뚫어보는 능력이 커집니다.
머리를 쓰는 일보다 몸을 쓰는 일이 잘 맞습니다. 반대로 길수록 사고력이 좋습니다.

이 선은 무슨 뜻?

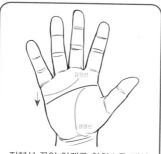

지혜선 끝이 아래를 향할수록 재산을 모으는 힘이 약하다 고할 수 있습니다. 투자보다는 저축하세요.

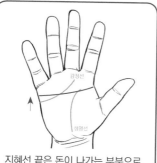

지혜선 끝은 돈이 나가는 부분으로, 끝이 위를 향할수록 재산을 모으는 힘이 좋다고 할 수 있습니다.

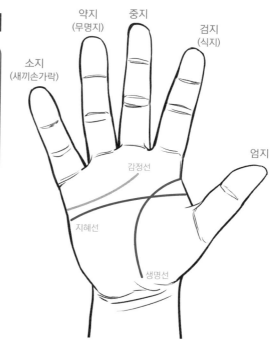

약지까지 뻗은 지혜선이 일반적으로 표준입니다. 그보다도 길게 새끼손가락 부분까지 도달하면, 돈을 버는 능력이 매우 뛰어납니다. 수입을 늘이고 지출을 줄이는 컨트롤하는 능력, 의지력을 가지고 있습니다. 단 아래로 늘어지는 지혜선은 능력이 있다고 할 수 없습니다.

💲 운을 높이는 방법

제1화성구에서 뻗은 지혜선은 섬세한 성격을 나타내지만 성공하면 자신감까지 붙어 본래의 섬세함과 담대함까지 갖춤으로써 성공에 가까워집니다.

금전운의 기초체력을 본다

구의 상태가 중요

POINT 금성구에 주름이 생기기 시작하면 재물운의 떨어진 상태라는 표시입니다.
또 손이 부드러운 사람일수록 재물운이 좋으니 잘 관찰해보세요

이 선은 무슨 뜻?

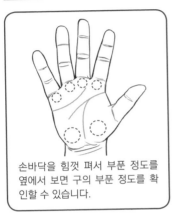

손바닥을 힘껏 펴서 부푼 정도를 옆에서 보면 구의 부푼 정도를 확인할 수 있습니다.

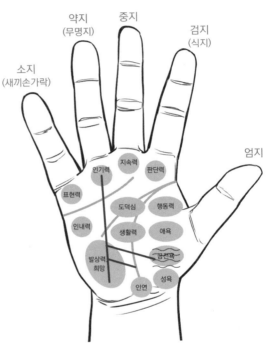

약지
(무명지)

중지

검지
(식지)

소지
(새끼손가락)

엄지

인기력
지속력
판단력
표현력
도덕심
행동력
인내력
생활력
애욕
발상력
희망
금전욕
인연
성욕

금성구는 애욕, 금전욕, 성욕 등 인간의 원동력이 되는 현실적인 욕망을 나타냅니다. 맞은 편 월구는 발상력과 꿈과 희망이 응축되어 있습니다. 이 두 가지 구가 윤기 있고 팽팽하다면 재물운의 기초체력이 탄탄 하다고 할 수 있습니다.

$ 운을 높이는 방법

까칠까칠한 손, 건조한 손, 더러운 손, 손톱에 때가 낀 손은 지출이 많아 재물운이 떨어지니 잊지 않고 손을 관리하도록 합시다.

돈이 모여 있는 사람에게 나타난다 ●

재운선(수성선)

> **POINT** 수성구에 있는 선을 재운선(수성선)이라 하며, 선이 연하거나 중간중간 끊어져 있으면 재운선이라고 할 수 없습니다. 수성선은 재물운 이외에 돈을 모으는 요령이 있는지, 없는지 알 수 있습니다.

이 선은 무슨 뜻?

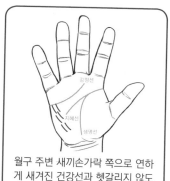

월구 주변 새끼손가락 쪽으로 연하게 새겨진 건강선과 헷갈리지 않도록 합시다.

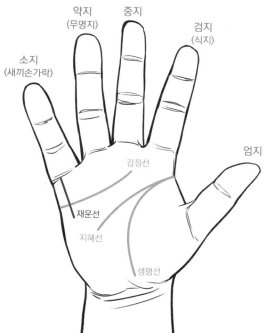

소지
(새끼손가락)

약지
(무명지)

중지

검지
(식지)

엄지

감정선

재운선

지혜선

생명선

새끼손가락 시작점에 선명하게 나온 세로선이 재운선(수성선)으로 자신의 재산을 늘이는 능력은 향상선, 운명선, 태양선과 지혜선의 길이로 파악할 수 있습니다. 운명선이나 생명선 끝에서 세로로 뻗은 선은 유산으로 큰 재물을 얻을 수 있습니다.

> **$ 운을 높이는 방법**
> 수성선이 중간중간 끊어진 경우, 돈을 낭비하기 쉬운 경향이 있으니 주의하세요. 매일매일 절약을 몸에 익히면 길운입니다.

무엇보다도 돈이 제일 중요하다

돈을 모으는 능력이 뛰어난 사람

POINT 지혜선 지선이 수성구로 향하면 돈을 모으는 능력이 뛰어나다고 할 수 있습니다. 그리고 끝이 위로 향하면 현실적인 경향이 있고, 돈에 대한 집착이 강해 장사, 사업을 하면 실패하지 않습니다.

이 선은 무슨 뜻?

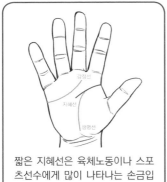

짧은 지혜선은 육체노동이나 스포츠선수에게 많이 나타나는 손금입니다. 직감력이 뛰어나기도 합니다.

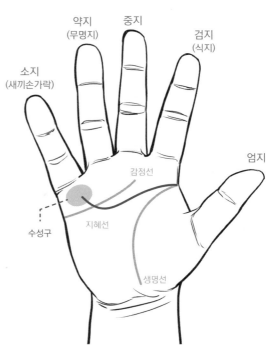

약지
(무명지)

중지

검지
(식지)

소지
(새끼손가락)

엄지

감정선

지혜선

수성구

생명선

지혜선의 끝이 수성구 방향으로 튀어 오르는 선을 가진 사람은 계산능력과 비즈니스 감각이 뛰어나며 손익에 따라 움직이는 경향이 있습니다. 또 돈에 집착하는 현실 지향적인 타입으로 장사, 사업 수완이 뛰어난 사람이라고 할 수 있습니다.

💲 **운을 높이는 방법**

의지력, 인내력이 좋지만, 원래 현실 지향적이고, 힘이 있어 무리하는 경향이 있습니다. 관리 잘 하세요.

이해 타산적이고 빈틈이 없다

돈에 눈이 먼 사람(수전노)

POINT 축재선은 개성이 강한 경향이 있다고 할 수 있습니다. 돈을 위해서라면 무엇이든 할 수 있는 이해 타산적인 성격의 소유자로 자신도 모르게 주위에 적을 만들 수 있으니 주의하세요.

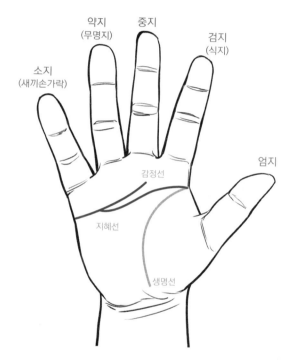

지혜선이 수직으로 뻗고 끝부분이 약지 밑에서 감정선에 부딪쳐 축재선 모양을 나타내는 사람은 돈에 대한 집착이 강해 돈을 목적으로 한 결혼, 돈벌이 이야기라면 무엇이든 달려듭니다. 주변 사람들의 기분은 생각하지 않고 행동하는 경향이 있습니다.

$ 운을 높이는 방법

너무나 이해 타산적으로 행동하다 보면 어느새 자기 편이 한 명도 남아 있지 않을 수 있습니다. 자기주장을 자제하고 다른 사람과 협조할 것을 명심하세요.

수입이 악화되는 시점

POINT 재운선 막는 가로선을 장애선이라고 하며, 돈 문제로 금전운이 불안정합니다. 만약 선이 흐릿한 경우 잠시 어려울 뿐 별문제는 없습니다.

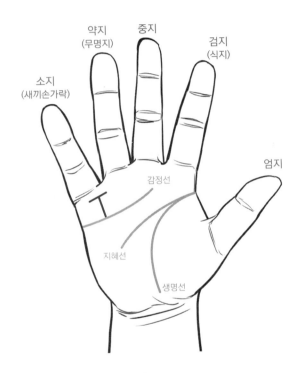

재 운선 끝부분을 막고 있으면 재물운의 운이 막혀 금전운이 좋지 않음을 암시합니다. 지출이 갑자기 늘거나 수입이 급격히 줄거나 문제에 휘말려 손해를 볼 가능성도 있습니다.

> **운을 높이는 방법**
>
> 이런 선을 보면 바로 금전운이 하락하는 경우가 있으니, 지출을 절대적으로 줄이는 생활태도가 필요합니다.

동업자 배신으로 금전적인 피해를 입는다 •

배신당해 손해 보는 시점

> **POINT** 언제쯤 손해가 발생하는지 알아보기 위해서는 운명선의 유년(P77 참조)을 찾아보세요. 갑자기 인간관계에 문제가 생기거나 충격적인 일이 일어나 운세가 변화합니다.

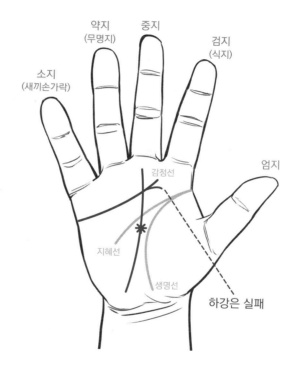

약지
(무명지)

중지

검지
(식지)

소지
(새끼손가락)

엄지

감정선

지혜선

생명선

하강은 실패

운 명선 위에 별이 있으면 동업자에게 배신을 당하거나, 사이가 멀어져 금전적인 손실을 입는다는 뜻입니다. 감정선 지선이 생명선과 만나면 남을 잘 믿어 쉽게 속거나 사기를 당하는 경우가 많습니다.

> **운을 높이는 방법**
> 평소에 남에게 지나치게 의지하지 않도록 하고 독립심을 기르는 것이 중요합니다. 특히 가깝게 신뢰하고 있는 사람을 주의하세요.

금전적인 손실을 입는다 ●

삶이 괴로워지는 시점

POINT 이 재운선 끝부분에 장애선이나 십자선이 있으면 미래에 큰 손해를 볼 수 있습니다. 도박, 투기 등 손실과는 관계없는 실수를 할 수 있습니다.

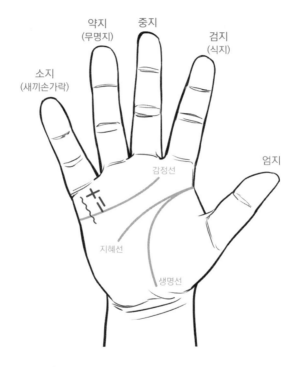

재 운선이 중간중간 끊어져 있거나 구불구불하다면 이미 재물운이 하락한 상태입니다. 회사에서 갑자기 구조조정 대상이 될 수도 있습니다. 연한 선이 구불구불하면 재물운이 매우 불안정한 상태로 돈이 들어오고 나가는 것이 잦아집니다.

> **$ 운을 높이는 방법**
> 이 선이 있는 동안에는 쓸데없는 지출을 피하고, 높은 연봉을 바라며 이직해도 소용없습니다. 차분하게 견디며 기회를 기다리세요.

궁금해하지 마세요! 신세를 망칩니다.

도박, 잡기를 좋아하는 당신

POINT 만약 당신 손바닥의 구가 모두 충분히 부풀어 있다면, 그 도박은 성공할지도 모릅니다. 3대 선이 뚜렷하고 지혜선이 꽤 올곧다면 운기가 올라갑니다.

이 선은 무슨 뜻?

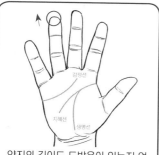

약지의 길이도 도박운이 있는지 없는지를 결정하는 하나의 포인트입니다.

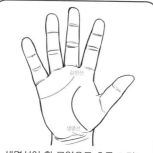

생명선이 활 모양으로 호를 그리고 감정선이 복잡하지 않은 것도 도박운이 좋은 징표라 할 수 있습니다.

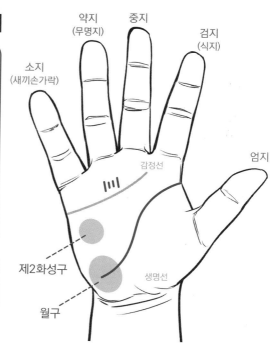

도 박운을 보려면 구의 부푼 정도를 확인하세요. 다른 구은 별로 부풀어 있지 않고, 제2화성구와 월구가 부풀어 있으면 당신은 도박은 맞지 않습니다. 만약 짧은 태양선이 몇 가닥 있으면 도박의 늪에 빠질 위험성이 큽니다.

💲 **운을 높이는 방법**

생명선 끝이 월구로 들어가는 경우, 도박을 좋아하는 경향이 있지만 구가 전체적으로 부풀어 있지 않은 사람은 도박을 자제하는 것이 좋습니다.

Q

손바닥을 일직선으로 가로지르는 선이 있습니다.

A

축재선(막쥔 손, 일자 손금)이라고 합니다.

축재선이 있는 사람은 좋은 태양선과 운명선이 함께 있으면 대부분 성공하게 됩니다. 하지만, 고독한 면도 있습니다. 만약 정신이 강한 사람의 손에 나타나면 애정문제로 다른 사람보다 많은 고민하는 경향이 있습니다.

또 물질적 경향이 강한 사람의 손에 나타나면 강한 집착이 더해져 어떠한 반대도 무릅쓰는 고집을 부리게 됩니다.

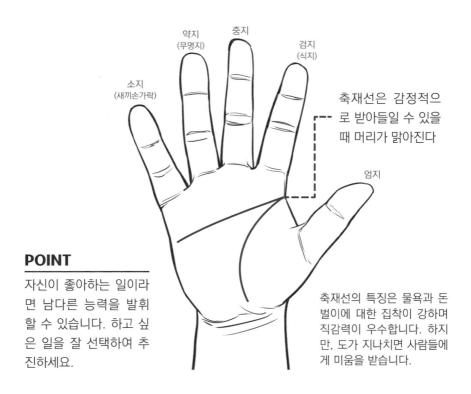

약지
(무명지)

중지

검지
(식지)

소지
(새끼손가락)

축재선은 감정적으로 받아들일 수 있을 때 머리가 맑아진다

엄지

POINT

자신이 좋아하는 일이라면 남다른 능력을 발휘할 수 있습니다. 하고 싶은 일을 잘 선택하여 추진하세요.

축재선의 특징은 물욕과 돈벌이에 대한 집착이 강하며 직감력이 우수합니다. 하지만, 도가 지나치면 사람들에게 미움을 받습니다.

✋ 여러 형태의 축재선

이중 금성대가 함께 있는 축재선
변태적인 애정 문제에 주의!

축재선 위로 토막 난 이중 금성대가 있는 경우 변태적인 욕정을 뜻합니다.

현실적 성향이 강한 축재선에 그 의미가 더욱 강해집니다.

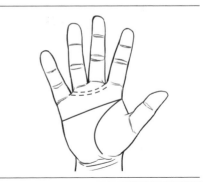

사슬 모양의 축재선
사이코패스 성향을 보임

강한 운을 지닌 축재선의 소유자라도 사슬 모양이라면 주의가 필요합니다. 신경질적인 성향이 강해 감정을 폭발시키는 경향이 있습니다.

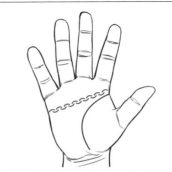

변형 축재선
완전한 축재선보다 유연성이 있다

지혜선, 감정선이 있는 축재선은 그 성격에 지혜선, 감정선이 지닌 성격도 가미됩니다. 따라서 이중 감정선과 이중 지혜선의 소유자로 유연성 있는 사람이라고 할 수 있습니다.

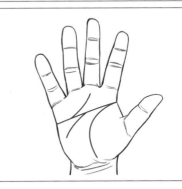

축재선(막쥔손)의 특징

축재선이 있는 사람은 역경에 굴하지 않고 정신력과 근성이 강한 특징이 있습니다. 일에 대해서도 어려우면 어려울수록 열정과 투지를 불태웁니다. 하지만, 흥미가 없는 일에는 의욕이 전혀 생기지 않는 경향이 있습니다. 일부 사람 중에서 축재선을 만들기위해 칼로 손을 긋는 사람도 있다고 합니다.

개인기가 없는 직장인을 위한

손금 입문 강좌

여기에서 잠깐 커피 타임.
직장인을 위한 손금 강좌를 시작합니다.
여성 여러분, 가볍게 읽어 주세요.

직장인 여러분, 회식자리에서 여자직원의 손을 갑자기 잡으면 성희롱으로 내일부터 회사에 나가지 못하게 되죠. 하지만, 지금부터 알려 드리는 "언뜻 보는" 손금의 비법을 사용하면 조금 못된 직장동료, 상사의 즐거움이 기다리고 있습니다. 확실히 공부해 두세요. 손금은 포인트를 잡으면 그 사람의 성격, 사람을 대하는 스타일을 알 수 있습니다. 이것으로 당신은 이제 인기만점 직장상사, 동료가 될 수 있습니다

1.
손을 내미는 스타일을 보면 그 사람의 성격을 알 수 있다.

먼저 처음에는 손을 내미는 스타일부터 확인해야 합니다. 여자에게 "손 좀 보여 줄래요?"라고 말했을 때 "네" 하며 손을 펼치는 사람, 머뭇거리며 손을 내미는 사람 등 다양한 타입이 있습니다. 사실 수상술은 이미 시작되었습니다. 손 내미는 방법에도 그 사람의 성격과 생각이 반영되기 때문입니다. 그럼, 대표적인 세 가지 타입을 알아봅시다.

낙천적인 타입

비밀을 잘 지키지는 못하지만 의심하는 법을 모릅니다. 모든 일에 구애들 받지 않습니다.

완벽주의 타입

다른 사람에게도 완벽을 요구합니다. 무슨 일이든 제대로 해내지 않으면 직성이 풀리지 않는 사람입니다.

의심이 많은 타입

신중하고 사람을 잘 믿지 않습니다. 쓸데없는 것에는 절대로 돈을 쓰지 않고, 필요할 때 쓸 돈을 항상 저축하는 사람입니다.

2.
손의 두께와 촉감으로 확인해야 한다

다음으로는 여자의 손을 만져 촉감을 느낍니다. 여기에서 "손 좀 만져도 될까?"라고 말하며 꼭 양해를 얻으세요. 갑자기 만지면 최악의 부장님입니다. 손바닥은 두꺼울수록 파워풀한 타입. 반대로 얇으면 스태미나가 부족하다고 할수 있습니다. 너무 부드러우면 끈기가 없습니다. 생면선이 많이 휘어져 있으며 엉덩이가 커 순산하는 타입. 조금 휘어져 있으면 저혈압에 주의해야 합니다.

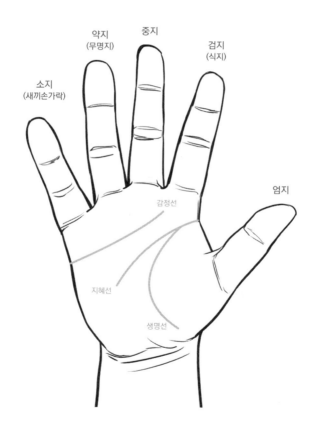

이밖에도 미인을 읽는 포인트를 알려 드릴게요. 손가락 끝이 뾰족하고 살갗이 희며 살짝 분홍색을 띠는 부드러운 손은 미인인 경우가 많습니다.

3.
손의 색과 온도로 건강상태를 알 수 있다

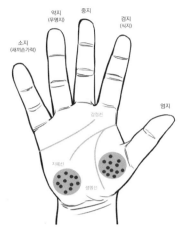

따뜻한 손

손바닥 색과 온도는 질병과 관련이 깊습니다. 금성구, 월구 주변에 붉은 점이 눈에 띄면 알코올성 간염 등 술을 주의해야 한다는 신호입니다. 또는 임신일 수도 있습니다.

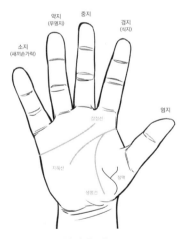

차가운 손

창백한 손은 저혈압. 금성구 안에 정맥이 두드러지면 운동부족. 차가운 손은 욕구불만. 차갑고 습기가 찬 손은 짜증이나 불면증입니다. '손은 차갑지만 마음은 따뜻하다'는 것은 거짓말입니다.

4.
손가락 모양도 꼼꼼하게 봐야 한다

여자는 새끼손가락을
잘 봐야 한다

소지

새끼 손가락이 긴 사람
은 정력이 유난히 세다.
물장사 하는 분 중 짧은
타입은 없다. 새끼손가락
에 반달이 보이면 최고조
며, 새끼손가락을 떨어뜨
려 내밀면 생리 중이다.

영감이 있고, 예민하며
도박을 좋아한다

약지(무명지)

약지가 중지와 거의 비슷
한 길이인 사람은 질투가
다른 사람보다 배로 강하
고, 도박을 좋아하고, 감
각이 예민한 사람이 많다.

위험한 남자는 중지로
알 수 있다!

중지

중지가 긴 사람은 참을
성이 많다. 나쁘게 말하
면 음흉한 사람. 너무 길
면 고독하다. 남자는 색
마가 많고 좌우로 구부
러지면 응석받이다.

남자는 검지로 잘 봐
야 한다

검지(식지)

검지를 떨어뜨려 내미
는 사람은 사람들과 사
귀는 것이 서툴다. 검지
끝이 뾰족한 사람은 처
음보는 것에 대한 궁금
증이 많다.

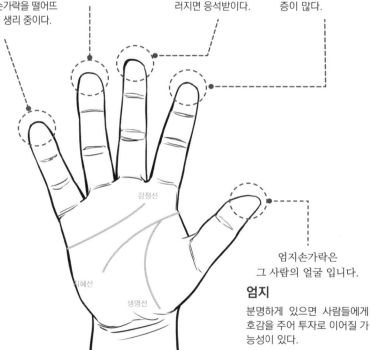

엄지손가락은
그 사람의 얼굴 입니다.

엄지

분명하게 있으면 사람들에게
호감을 주어 투자로 이어질 가
능성이 있다.

손금은 엄밀하게 말하면 왼손은 선천적인 운, 오른손을 후천적인 운을 나타냅니
다. 또 왼쪽 엄지손가락은 아버지, 오른손 엄지손가락은 어머니 계열을 나타냅
니다. 따라서 만약 오른쪽 엄지손가락을 다치면 어머니 집안의 운수가 쇠할 수
도 있으니 주의가 필요합니다. 엄지손가락의 길이는 그 사람의 직업적 성질에
따라서도 달라지나 남자의 경우 짧으면 성미가 급한 경우가 많습니다.

5.
연애선이 있는 사람은 유혹에 약하다

먼저 선에 대해 이야기하겠습니다. 지혜선과 생명선의 출발점에서 좀 떨어져 분리되면 오랫동안 교제한 사람과 결혼하지 못하고, 짧은 연애를 한 사람과 결혼하게 될 운명이다. 이중 감정선을 갖고 있는 사람은 성적 본능이 왕성합니다. 작은 일에 만족하지 않아 커리어 우먼에서 많이 볼 수 있습니다. 감정선에 끊어진 곳이나 섬이 있으면 초혼에 실패할 가능성이 있습니다.

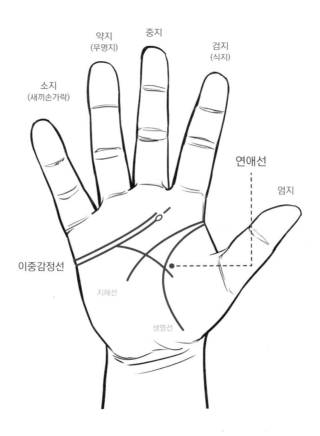

연애선이 생명선과 지혜선을 가로지르는 사람은 유혹에 약하다.

6.
금성구와 월구의 골짜기는 여성 자신을 나타낸다

연인들이 연애에 쏟는 에너지는 믿을 수 없을 정도로 크며, 손바닥의 구의 크기와 솟은 정도로 알 수 있습니다.

금성구는 육체적, 본능적 에너지를 암시하며 면적이 넓고 높이 솟아 있을수록 성적 본능이 강합니다. 특히, 여자의 골반의 크기는 금성구와 비례하며, 금성구가 볼록 부풀어 있는 여자는 애플 힙으로 출산에 유리 합니다.

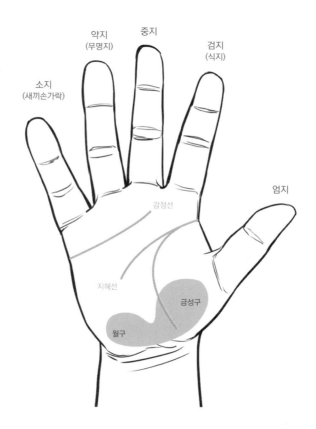

월구가 발달한 사람은 한마디로 말하면 원만한 성격의 소유자로 애인으로 이상적입니다. 손을 오므렸을 때 금성구와 월구가 예쁘게 만나는 사람은 몸의 균형이 매우 좋습니다.

7.
금성대는 성적 매력의 상징

금성대는 성적인 매력의 상징입니다. 금성대가 있는 여자의 경우 성적 매력에 끌려 남자들이 많이 모여들게 됩니다. 한마디로 말하면 성적인 감각이 민감하여 색을 몹시 좋아하는 성격을 나타냅니다. 그리고 손이 원뿔 모양인 사람은 분위기에 취약합니다. 단, 금성대는 외모만 보는 경우가 많아 상대해주지 않을 수도 있습니다.

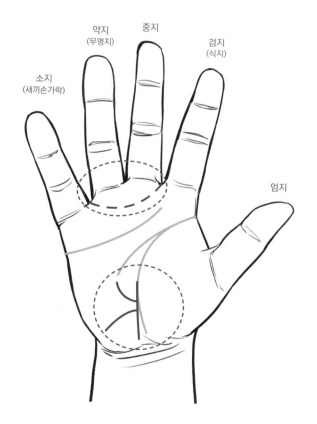

여자의 순응성은 운명선으로 구분합니다. 운명선이 생명선과 붙어 있으면 아버지와 같은 남자를 좋아하고 정가운데에서 나오면 자아가 강합니다. 월구에서 나오면 당신 스타일이 될 사람입니다.

8.
결혼선은 육체적 관계도 나타낸다

결혼선이 왼손과 오른손 모두 한 줄이고 끝부분이 상승한다면 틀림없이 훌륭한 배우자를 만날 것입니다. 두 줄이라면 삼각관계에 빠지고, 세 줄이라면 따뜻하고 배려심이 깊으며 다소 바람기가 있죠. 주름과 같이 가느다란 선이 많이 있으면 계속해서 상대를 바꾸는 바람둥이, 결혼선이 수직으로 내려가고 가느다란 지선이 많이 있으면 섹스리스.

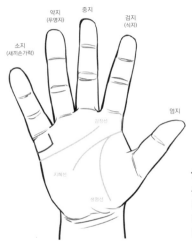

상승운

상승운은 결혼선이 단 한 줄로 깊고 깔끔하게 새겨져 있으며 끝부분이 밑으로 내려가지 않고 새끼 손가락으로 향할 경우, 상승운의 특징으로 남자의 기운을 북돋아 주며 푸념을 늘어놓지 않습니다. 추녀라도 상승운은 많습니다.

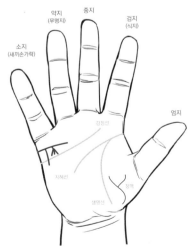

하락운

결혼선이 아래로 향하고 감정선을 관통하면 하락운.
하락운의 특징은 좋고 싫음이 분명하고 제멋대로이며 심신장애 기질이 있을 뿐만 아니라 남의 험담을 좋아하는 경우가 많습니다.

9.
이 선이 있는 여자는 주의가 필요 1

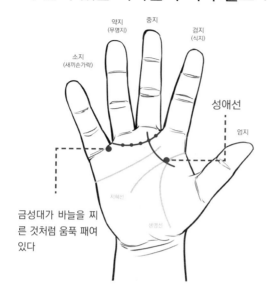

소지
(새끼손가락)

약지
(무명지)

중지

검지
(식지)

성애선

엄지

지혜선

생명선

금성대가 바늘을 찌른 것처럼 움푹 패여 있다

성병주의

금성대에 작게 패인 점이 나란히 나타나면 성병의 표시. 이 점이 검은색을 띠면 증상이 악화되고 있다는 증거입니다. 제1화성구에서 중지 쪽으로 호를 그리는 선을 성애선이라 하며 성병을 앓는다는 표시입니다.

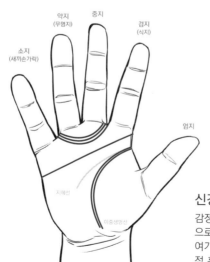

소지
(새끼손가락)

약지
(무명지)

중지

검지
(식지)

엄지

지혜선

이중생명선

신경과민

감정선이 검지 옆면까지 뻗어 있으면 애정과잉으로 독점욕과 질투심이 매우 강합니다.
여기에 금성대가 이중, 삼중으로 있으면 '정신적 흥분 상태가 됩니다. 그리고 이중 생명선이면 몸이 차가울 가능성도 있습니다.

10.
이 선이 있는 여자는 주의가 필요 2

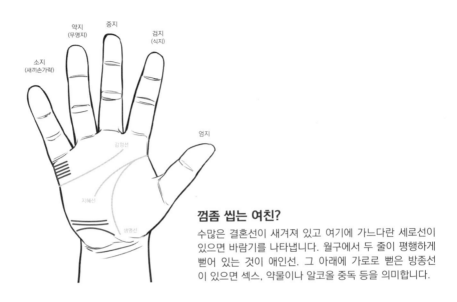

껌좀 씹는 여친?
수많은 결혼선이 새겨져 있고 여기에 가느다란 세로선이 있으면 바람기를 나타냅니다. 월구에서 두 줄이 평행하게 뻗어 있는 것이 애인선. 그 아래에 가로로 뻗은 방종선이 있으면 섹스, 약물이나 알코올 중독 등을 의미합니다.

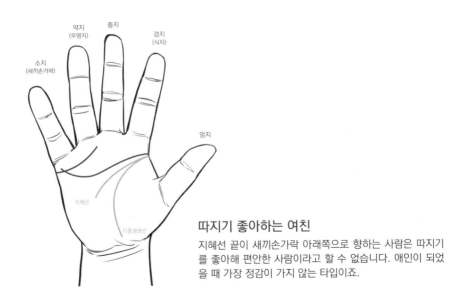

따지기 좋아하는 여친
지혜선 끝이 새끼손가락 아래쪽으로 향하는 사람은 따지기를 좋아해 편안한 사람이라고 할 수 없습니다. 애인이 되었을 때 가장 정감이 가지 않는 타입이죠.

손금 ✓ 볼까요

손금고수가 알려주는 인생 궁금증 5가지 해답

직업 ^편

당신은 꿈이 있는 사람?
합리적인 사람?
사업능력이 있는 사람?
손금으로 적성에 맞는 직업을 찾을 수 있습니다.

♥

맡은 일을 척척 해내는 사람, 리드로 충분히 자격이 있다.
의욕이 없는 사람, 현재의 일이 적성에 맞는지 알 수 있다.

세상에는 다양한 직업이 있습니다. 하지만, 많은 사람들이 자신에게 맞지 않는 일을 하면서 매일 업무의 압박과 스트레스와 싸우고 있습니다. 가만히 그 이유를 찾아보면 자신의 잠재적 재능을 알지 못해 일어나는 비극이라고 할 수 있습니다. 자신의 성격이나 재능에 맞는 직장에 취직해서 회사생활을 하는지 여부가 운명의 갈림길입니다. 손금은 타고난 성격과 재능을 반영하고 있으며 성격은 감정선에, 재능은 지혜선에 나타납니다.

POINT
- 뚜렷한 생명선과 지혜선이 있다.
- 운명선이 올곧고 길게 뻗어 있다.
- 뚜렷한 태양선, 재운선, 향상선 있다.

직업운이 좋은 이상적인 손금!

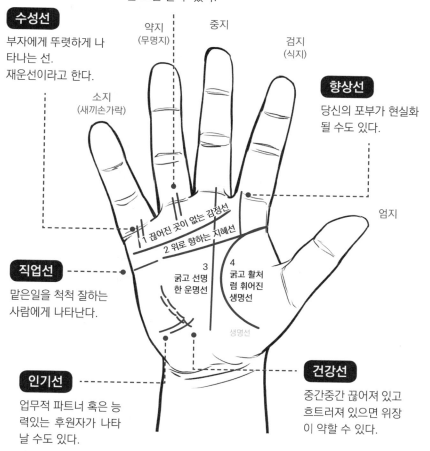

태양선
인기, 리드십은 태양선을 보면 알 수 있다.

수성선
부자에게 뚜렷하게 나타나는 선.
재운선이라고 한다.

약지
(무명지)

중지

검지
(식지)

소지
(새끼손가락)

향상선
당신의 포부가 현실화될 수도 있다.

1 끊어진 곳이 없는 감정선

2 위로 향하는 지혜선

직업선
맡은일을 척척 잘하는 사람에게 나타난다.

3
굵고 선명한 운명선

4
굵고 활처럼 휘어진 생명선

엄지

생명선

인기선
업무적 파트너 혹은 능력있는 후원자가 나타날 수도 있다.

건강선
중간중간 끊어져 있고 흐트러져 있으면 위장이 약할 수 있다.

당신은 감각으로 승부를 건다

아티스트

POINT 감성이 풍만해질 수 있도록 몸과 마음을 잘 관리하면 뚜렷한 금성대를 갖게 되고, 꿈을 실현할 수 있게 된다.

이 선은 무슨 뜻?

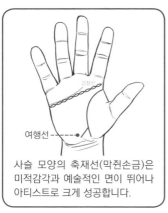

여행선←----

사슬 모양의 축재선(막쥔손금)은 미적감각과 예술적인 면이 뛰어나 아티스트로 크게 성공합니다.

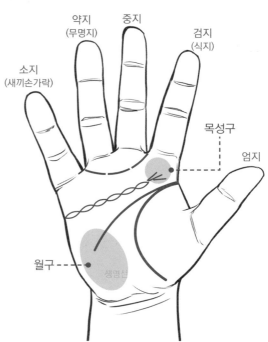

약지
(무명지)

중지

검지
(식지)

소지
(새끼손가락)

목성구

엄지

월구←---

감 정선의 끝 일부가 목성구에 도달하면 좋은 의미로 매우 차분한 직업을 가지며 마음도 안정적이 됩니다. 그리고 지혜선이 월구 중앙까지 도달하면 훌륭한 예술인으로 운명선적인 선택을 받게 됩니다.

 운을 높이는 방법

당신은 개성이나 아이디어로 승부하는 직업이 적합합니다. 일러스트레이터, 방송작가, 연애인, 유튜브 크리에이터 등 창의적인 직업을 추천합니다.

사람들의 마음을 위로해주는 신비한 힘이 있다 •

카운슬러 · 종교계 지도자

> **POINT** 사람들에게 감동적인 매시지를 전달하거나 표현하는 태양선과 커뮤니케이션
> 능력에 필요한 수성선(재운선)이 있습니다.

이 선은 무슨 뜻?

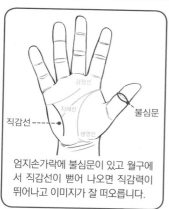

감정선
지혜선
직감선 ----
생명선
불심문

엄지손가락에 불심문이 있고 월구에
서 직감선이 뻗어 나오면 직감력이
뛰어나고 이미지가 잘 떠오릅니다.

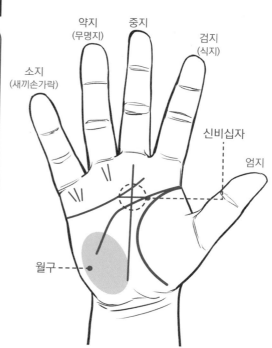

약지
(무명지)
중지
검지
(식지)
소지
(새끼손가락)
신비십자
엄지
월구 ----

지혜선이 직선으로 뻗다가 중간에 호를 그리며 월구로 향하는 것은 꿈과 현실을
동시에 파악해 표현하는 능력이 발달되었다는 뜻입니다. 운명선에 신비십자가
있으면 영감, 신비적 감각이 뛰어나고, 감정선 위의 면적이 넓으면 사람들에게 위로
와 위안을 주는 능력을 갖고 있다고 합니다.

 운을 높이는 방법

사람들에게 힘과 용기를 줄 수 있는 직업이 좋습니다. 점술가, 카운슬러, 목사님,
스님 등이 잘 맞습니다.

단련된 체력으로 승부한다

프로스포츠 선수

POINT 운명선에 신비십자가 선명하게 있으면 신의 손이라 불리며 천명, 천직을 가질 운명입니다. 또 운명선에서 태양구에서 시작되면 자신의 일을 통해 성공과 인기를 한 몸에 받을 수 있습니다.

이 선은 무슨 뜻?

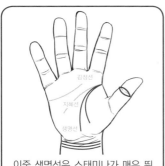

이중 생명선은 스태미나가 매우 뛰어납니다. 불심문이 있으면 조상의 보살핌이 있고, 손목선은 체력에 대한 소질을 나타냅니다.

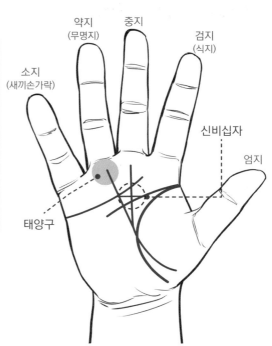

약지
(무명지)

중지

검지
(식지)

소지
(새끼손가락)

신비십자

엄지

태양구

신 체적으로 다른 사람보다 튼튼해 몸을 가지고 있습니다. 선들이 모두 붉은빛을 띠며 깊게 새겨져 있으면 에너지가 흘러 넘칩니다. 운명선이 생명선 안쪽에서 시작됨으로써 타고난 신체적 능력과 저력을 발휘해 다른 사람보다 많은 노력으로 목표를 크게 달성합니다.

 운을 높이는 방법

당신의 지혜선은 짧은 편이며 굵고 강해 상황판단능력이나 반사신경이 요구되는 프로스포츠 선수, 직업군인, 소방관 등이 적합합니다.

이과계열 전문직

POINT 지혜선에서 검지 쪽으로 뻗는 향상선이 있으면 리더십을 발휘해 팀의 의견조율, 화합, 소통 등 훌륭한 리더가 될 자질을 가지고 있습니다.

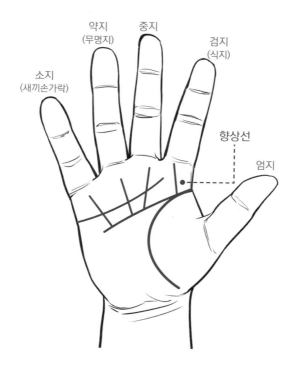

약지
(무명지)

중지

검지
(식지)

소지
(새끼손가락)

향상선

엄지

감정선이 심플하고 길며 지혜선도 길고 직선적인 사람은 큰 프로젝트를 진행할 힘을 가지고 있습니다. 운명선, 태양선, 수성선이 지혜선에서 나오고 생명선과 지혜선의 출발점이 붙어 있는 사람은 숫자나 기계를 다루는 일을 잘합니다.

 운을 높이는 방법

당신은 현실적이고 모든 일을 숫자 파악해서 볼 수 있는 직업에 적합 합니다.
엔지니어, 건축가, 반도체 설계등을 추천합니다.

신뢰와 신용으로 고객을 개척한다

변호사 · 로비스트 · 영업

POINT 제2화성구에 보이는 반항선의 연장선상에 태양선이 있으면 고객의 마음을 사로잡는 능력이 있음을 의미합니다.

이 선은 무슨 뜻?

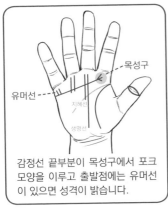

목성구
유머선
지혜선
생명선

감정선 끝부분이 목성구에서 포크 모양을 이루고 출발점에는 유머선 이 있으면 성격이 밝습니다.

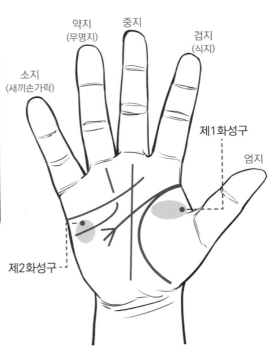

약지
(무명지)

중지

검지
(식지)

소지
(새끼손가락)

제1화성구

엄지

제2화성구

지혜선이 직선적이고 끝부분이 두세 갈래로 나누어진 사람은 분석력과 판단력이 정확합니다. 운명선은 굵고 올곧게 새겨져 있으며 제1화성구, 제2화성구가 부풀어 있습니다. 제2화성구에는 반항선이 있어 어떤 상대에게도 굴복하지 않습니다.

 운을 높이는 방법

정신력이 강해 무슨 일이든 대항할 수 있는 직업이 적합합니다. 변호사, 로비스트, 영업 등에 잘 맞습니다.

냉정한 판단력, 천직으로 운명일 수 있다.

의사 · 간호사 · 의료계 종사자

POINT 검지 아래에 솔로몬링이 있거나 명확한 태양선, 생명선과 운명선 사이에 의료 십자가 있으면 천직으로 운명일 수 있습니다.

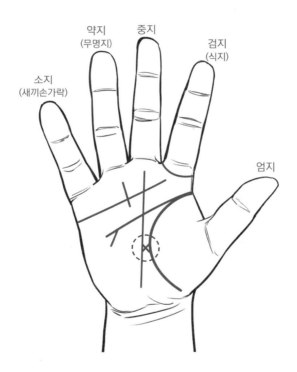

소지
(새끼손가락)

약지
(무명지)

중지

검지
(식지)

엄지

 생 명선과 지혜선의 출발점이 겹치고 지혜선이 직선적이며 끝부분이 두 갈래로 갈라지는 손금을 갖고 있는 사람은 절대로 실수가 허락되지 않는 직업이 천직입니다. 감정선 끝이 목성구에 도달하면 감정을 컨트롤할 수 있는 차분한 사람입니다.

🔍 **운을 높이는 방법**

무슨 일에도 동요하지 않고 감정을 컨트롤할 수 있는 직업이 잘 맞습니다.
의사, 간호사, 한의사 등이 좋습니다.

돈 운용 능력이 뛰어난 사람

펀드매니저 • 회계사

POINT 감정선이 길고 생명선에서 가느다란 개운선이 여러 줄 나와 있는 사람은 꾸준한 노력으로 실적을 쌓아가는 성격입니다. 쭉 뻗은 운명선은 일을 중간에 포기하지 않고 끝까지 마무리하는 책임감을 나 타냅니다.

이 선은 무슨 뜻?

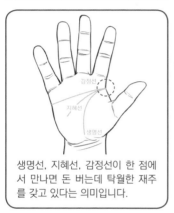

생명선, 지혜선, 감정선이 한 점에서 만나면 돈 버는데 탁월한 재주를 갖고 있다는 의미입니다.

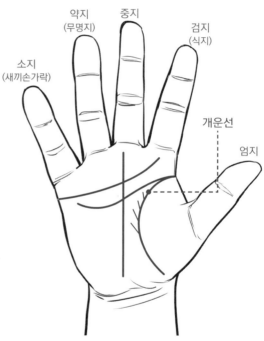

약지
(무명지)

중지

검지
(식지)

소지
(새끼손가락)

개운선

엄지

지혜선이 생명선과 겹쳐 시작하는 사람은 매우 신중하고 모든 일에 예민하나 상식가 타입입니다. 지혜선의 끝부분이나 지선이 새끼손가락 쪽으로 튀어 오르면 돈을 버는 능력이 뛰어난 상재선(商才線)이 됩니다.

 운을 높이는 방법

당신은 경영, 투자 등 돈을 운용해 수익을 창출하는 직업이 적합합니다.
펀드 매니저, 회계사 등의 직종에서 활약하는 것이 좋겠네요.

금전감각이 발달하고 사업능력이 좋은 사람

사업 · 조직의 리드

> **POINT** 가늘지만 선명한 여러 줄의 태양선, 곧게 뻗은 감정선이 목성구로 향하고, 검지 방향으로 뻗는 향상선이 있으면, 강한 리더십을 발휘해 조직을 움직일 수 있는 힘이 있음을 나타냅니다.

이 선은 무슨 뜻?

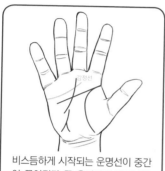

비스듬하게 시작되는 운명선이 중간이 끊어졌다 쭉 올라가면 직장생활을 하다 독립한다는 것을 말합니다.

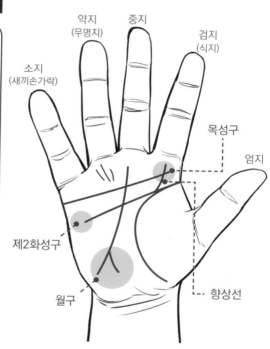

약지
(무명지)

중지

검지
(식지)

소지
(새끼손가락)

목성구

엄지

제2화성구

월구

향상선

시 작점이 갈라진 운명선이 월구에서 시작해서 토성구로 향하면 반드시 목표를 달성합니다. 끝부분이 쭉 뻗어 제2화성구로 향하는 지혜선은 금전감각이 발달되어 있고 모든 일을 현실적으로 처리할 수 있는 재능을 가지고 있습니다.

 운을 높이는 방법

주변의 인기를 얻어 리더십을 발휘할 수 있는 당신은 업적을 쌓아 조직의 보스가 될 수 있습니다.

인간관계가 원만한 사람

자영업이 체질

POINT 지혜선이 제2화성구로 쭉 뻗어 있으면 합리성이 강조되며 금전감각이 발달합니다. 월구에서 시작하는 운명선이 끊어진 부분 없이 뻗어 토성구까지 도달하는 것이 중요합니다.

이 선은 무슨 뜻?

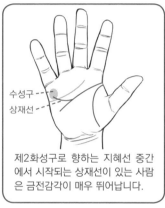

수성구
상재선

제2화성구로 향하는 지혜선 중간에서 시작되는 상재선이 있는 사람은 금전감각이 매우 뛰어납니다.

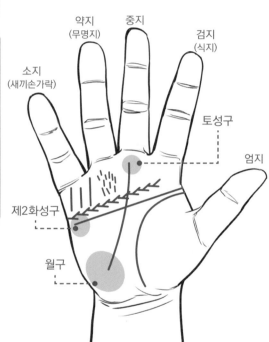

약지
(무명지)

중지

검지
(식지)

소지
(새끼손가락)

토성구

엄지

제2화성구

월구

다른 사람의 마음을 파악하기 위해서는 위아래에 지선이 많이 있는 복잡한 감정선이 필요합니다. 짧은 태양선이 많이 있고, 수성선도 있으면 화술이 뛰어나 인간관계가 원만합니다. 단, 태양구와 수성구가 발달되어 있어야 합니다.

 운을 높이는 방법

당신은 자영업을 통해 수익을 창출하는 직업이 적합합니다.
타고난 장사꾼이라 개인사업이나 서비스업도 잘 맞습니다.

막쥔 손의 강한 운세를 살려 성공한다

타고난 사업가

POINT 생명선에서 시작하는 운명선은 남보다 많은 노력을 거듭해 목적을 달성합니다. 생명선이 선명하고 큰 호를 그리면 생명력이 강해 고난도 극복할 수 있습니다.

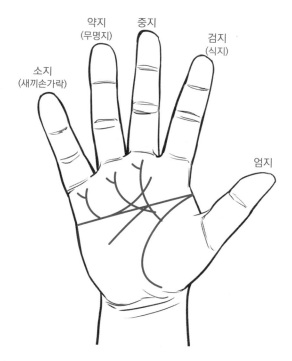

축재선에서 지혜선, 감정선이 뻗어 나오면 이중 감정선, 이중 지혜선의 의미로 업무 추진력과 발전시키는 힘이 커집니다. 운명선과 태양선이 생명선에서 시작되어 끝부분이 두 갈래로 갈라지면 기업가로 크게 성공합니다.

 운을 높이는 방법

축재선을 믿고 생각하는 사업 아이템으로 크게 성공하는 사람이 있는가 하면, 반대로 적성에 맞지도 않는 직장생활을 하며, 보석을 가지고도 썩히며 평범한 삶을 사는 사람도 있습니다.

강한 운세를 살려 성공한다

미래를 이끌 정치인

POINT 축재선과는 달리 이중 감정선 갈래와 향상선이 목성구 방향으로 길게 뻗어 있으면 건강하고 의지가 강해, 어떠한 어려움도 극복할 수 있음을 나타냅니다.

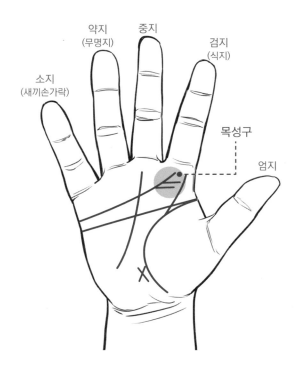

약지
(무명지)

중지

검지
(식지)

소지
(새끼손가락)

목성구

엄지

축 재선(막쥔 손)은 서양에서 원숭이의 손이라 불리며 그다지 좋은 뜻으로 사용되지는 않습니다. 하지만 각 분야의 정상급 인재에는 꼭 이 선을 갖고 있는 사람이 있습니다. 그러나 강한 개성이 화가 되어 스스로 무덤을 팔 수도 있습니다.

 운을 높이는 방법

축재선의 또다른 이름 '두목 원숭이 상'은 정치인, 사업가에 많이 나타나는 손금으로 강한 성격과 함께 건강하고 깊은 애정의 소유자라고 할 수 있습니다.

자신의 재능으로 돈을 번다

타고난 감각으로 승부하는 자유업

POINT 자유업 등 개성을 살릴 수 있는 직업에는 태양선, 운명선, 수성선, 향상선이 필수적입니다.

이 선은 무슨 뜻?

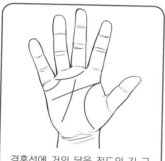

결혼선에 거의 닿을 정도의 긴 금성대와 축재선의 조합은 재능을 무궁무진하게 끌어낼 수 있습니다.

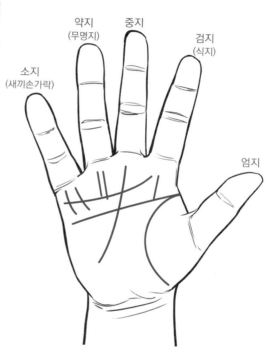

약지
(무명지)

중지

검지
(식지)

소지
(새끼손가락)

엄지

태양선, 운명선, 향상선, 수성선을 갖고 태어난 사람은 스스로 이것이라고 생각한 사업아이템을 찾으면 자신의 재능으로 돈을 벌 수 있는 사람입니다. 자유업이 천직이죠. 축재선과 이중 감정선의 조합은 강한 의지로 어떠한 어려움도 극복할 수 있는 힘을 가지고 있습니다.

 운을 높이는 방법

축재선과 이중감정선이 있는 사람은 타고난 감각을 가지고 있습니다.
유튜브 크리에이터 등을 추천 합니다.

회사를 떠나 인생을 개척하자

이직 또는 독립

POINT 이직 또는 독립으로 새로운 직업을 시작하는 기회가 생길 때 생명선에서 크게
여행선이 나오며 운명선에도 큰 변화가 생깁니다.

이 선은 무슨 뜻?

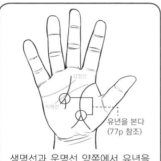

생명선과 운명선 양쪽에서 유년을
보는 것이 중요합니다. 독립하는
시기를 알 수 있습니다.

유년을 본다
(77p 참조)

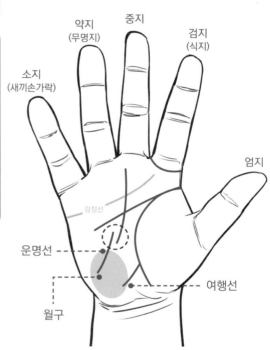

약지
(무명지)

중지

검지
(식지)

소지
(새끼손가락)

엄지

감정선

운명선

여행선

월구

월 구에서 비스듬하게 시작하는 운명선이 중간에 끊어진 후 중지 방향으로 쭉 올
라가면 회사를 떠나 스스로의 힘으로 인생을 개척할 수 있습니다. 즉 직장은
계속 다니는 것은 독립을 준비하고 있었음을 암시합니다.

 운을 높이는 방법

축오른손의 운명선을 통해 세상과의 관계를 볼 수 있습니다. 변화가 있을 때가 독
립하는 시기입니다. 그것이 언제쯤 인지는 유년을 보고 판단하세요.

인생의 된맛을 안다

부업(아르바이트)으로 성공

POINT 직장을 다니면서 부업(아르바이트)으로 성공하려면 2가지 운명선(본래 운명선과 생명선에서 시작하는 운명선)이 쭉 뻗어 있어야 합니다. 그 시기는 생명선의 유년을 보세요.

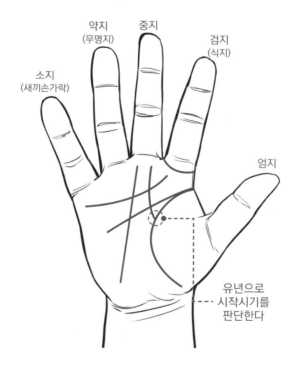

약지
(무명지)

중지

검지
(식지)

소지
(새끼손가락)

엄지

유년으로
시작시기를
판단한다

 구에서 비스듬하게 나오는 운명선이 중지 방향으로 길게 뻗고 같은 굵기의 운명선이 생명선에서 시작하는 경우, 설사 회사에 다니고 있더라도 부업(유튜브 방송 등)으로 성공할 수 있다.

🔍 **운을 높이는 방법**

본업과 병행하는 것이 전제입니다. 본업에 영향을 미쳐 스트레스가 쌓이면 잘 못된 선택입니다. 즐기면서 할 수 있는 일을 선택하세요.

손금을 알면 적성에 맞는 직업을 찾을 수 있다

- 손금에는 자신의 성격, 기질, 특성을 알 수 있는 암호가 숨겨져 있습니다.
- 자세히 관찰하면 자신에게 맞는 직업이 무엇인지 알아 수가 있습니다.

TYPE 1 사람의 마음을 사로잡고
재능과 평정심을 유지할 수 있다.

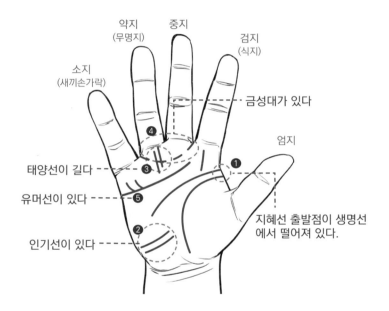

연예인, 인풀루언서

사람의 마음을 어떻게 사로잡는지에 대해 생각했을 때 감정선의 새끼손가락 아래에 작은 섬이 세 개 정도 겹쳐 있으면, 그 성향이 현저하게 드러납니다.

❶ 지혜선의 생면선과 떨어져 출발하면 행동파로 모험을 즐기는 스타일입니다.
❷ 인기선은 대중의 인기를 얻어 운세를 개척할 수 있는 사람에게 많이 나타납니다.
❸ 태양선은 성격이 명랑하며 인기와 신뢰가 두텁습니다.
❹ 금성대는 감수성이 예민합니다.
❺ 유머선은 언제나 재미있는 스타일입니다.

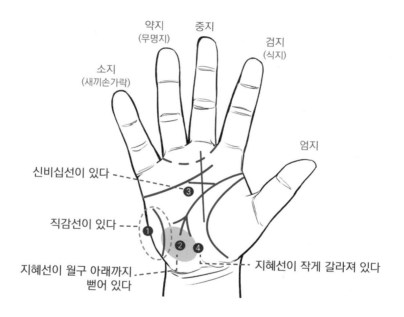

약지
(무명지)

중지

검지
(식지)

소지
(새끼손가락)

엄지

신비십선이 있다 ----

③

직감선이 있다 ----

①

② ④

지혜선이 월구 아래까지
뻗어 있다

지혜선이 작게 갈라져 있다

문학, 예술가

예술가 문학을 하는 사람은 금성대가 있는 것이 좋습니다. 금성대는 공상이나
관념의 정신세계를 구현하는 안테나이기 때문입니다.

❶ 직감선은 신비한 감수성을 지닙니다.
❷ 지혜선이 월구까지 뻗어 있으면 창의력, 상상력이 뛰어납니다.
❸ 신비의 십자가는 미지의 세계에 흥미를 느낍니다.
❹ 갈라진 지혜선은 창작을 즐깁니다.

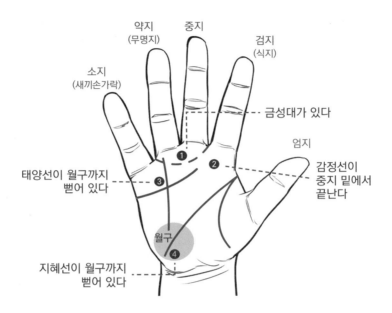

약지
(무명지)

중지

검지
(식지)

소지
(새끼손가락)

금성대가 있다

엄지

태양선이 월구까지
뻗어 있다

감정선이
중지 밑에서
끝난다

월구

지혜선이 월구까지
뻗어 있다

디자이너, 아트 디렉터

미적감각이 중요한 직업은 금성대가 있는 것이 절대적인 조건입니다.

❶ 금성대는 희로애락, 감정 기복이 심하다.

❷ 감정선이 짧으면 쉽게 타오르고 쉽게 식는 관능적인 성격입니다.

❸ 태양선이 월구까지 뻗어 있으면 대중의 인기를 얻어 화려하게 운을 개척할 수 있다.

❹ 지혜선의 월구까지 뻗을 경우 상상에 빠지는 감정의 소유자입니다.

TYPE 4 가정적이고 균형 감각 있는 사람

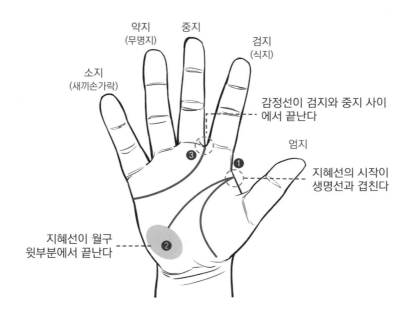

약지 (무명지)

중지

검지 (식지)

소지 (새끼손가락)

감정선이 검지와 중지 사이
에서 끝난다

엄지

❶

❸

지혜선의 시작이
생명선과 겹친다

지혜선이 월구
윗부분에서 끝난다

❷

사무직

성실함과 안정적이 맨탈이 장점인 사람입니다.

❶ 지혜선이 생명면과 겹쳐서 출발하면 신중한 사람으로, 모든 일에 예민하게 반응하
나 상식적인 사고가 가능한 사람입니다.

❷ 지혜선이 월구 윗부분에서 끝나는 사람은 상식적인 사고와 실행을 하며, 적절한 상
상력이 균형을 이루는 원만한 인품의 소유자입니다.

❸ 감정선이 검지와 중지 사이에서 끝나면, 감정이 풍부한 성격으로 성실하고 정직한
사람에게 나타납니다.

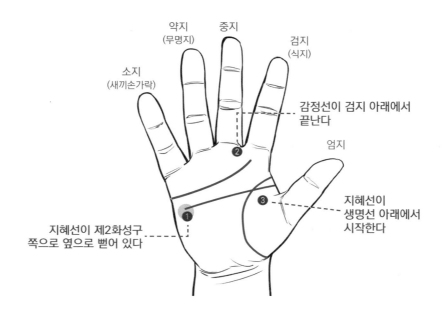

약지
(무명지)

중지

검지
(식지)

소지
(새끼손가락)

감정선이 검지 아래에서
끝난다

엄지

지혜선이 제2화성구
쪽으로 옆으로 뻗어 있다

지혜선이
생명선 아래에서
시작한다

경리, 회계사

지혜선 시작점이 생명선 시작점과 겹치거나 생명선보다 조금 아래에서 시작하면 조심성이 많으며, 또는 지혜선 끝이 새끼손가락 쪽으로 향하는 경우도 조심성이 많은 성격입니다.

❶ 지혜선이 제2화성구 쪽으로 옆으로 뻗어 있으면 업무파악이 빨라 실무에서 한단계 더 발전을 보입니다.

❷ 감정선이 끝이 검지 아래에서 끝나면, 항상 같은 모습으로 뚝심을 갖고 성실하게 맞은 업무를 충실히 수행합니다.

❸ 지혜선이 생명선 아래에서 시작하면 돈 계산에 매우 신중합니다.

다른 사람에 대한 배려와 다정함이 신뢰의 비결

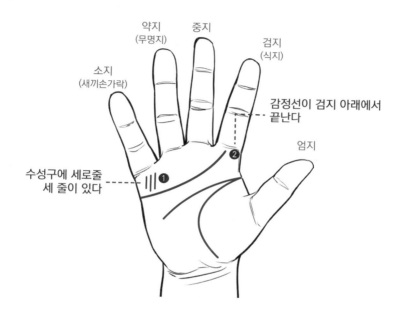

약지
(무명지)

중지

검지
(식지)

소지
(새끼손가락)

감정선이 검지 아래에서
끝난다

엄지

수성구에 세로줄
세 줄이 있다 ---- ||| ❶

❷

간호사, 교사

생명선 시작점과 지혜선 시작점이 겹치면 신뢰할 수 있는 사람입니다.

❶ 수성구에 세로줄 세 줄이 있으면 요령이 좋고, 사람들로부터 신뢰를 얻으며 무엇이 든 능숙하게 처리할 수 있습니다.

❷ 감정선이 검지 아래에서 끝나면 헌신적인 애정을 가리킵니다. 다정다감하고 따뜻 한 애정과 변함없는 성의를 가지고 있으며 업무에도 성실하게 임합니다.

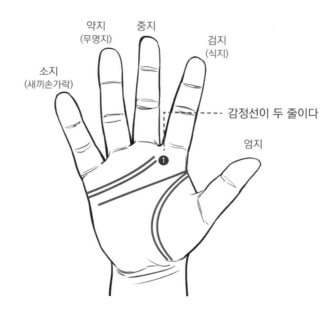

약지
(무명지)

중지

검지
(식지)

소지
(새끼손가락)

---- 감정선이 두 줄이다

엄지

❶

운동선수, 트레이너

이 직업은 건강하고 의지가 강하며 어떤 어려움도 헤쳐 나가는 힘이 필요합니다. 그것을 실현해주는 것이 이중 감정선으로, 발군의 생명력이 뒷받침해줍니다. 하지만 전제조건으로 생명선이 굵고 큰 호를 그리며 이중 생명선이 있어야 합니다.

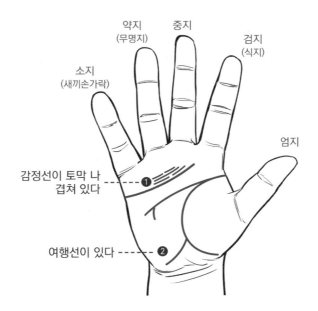

방송인, 통역사

이 직업은 언어능력과 빠른 두뇌회전으로 승부합니다. 특히, 감정선은 언어의
순발력이 요구합니다. 감정선 위에 여러 겹의 가로선이 있는 사람은 어학능력이
매우 뛰어나며 머리회전이 좋습니다.

❶ 감정선이 여러 개 겹치었으면 순발력과 창작에 뛰어납니다.
❷ 여행선은 사는 동안 몇 번의 긴 여행을 합니다.

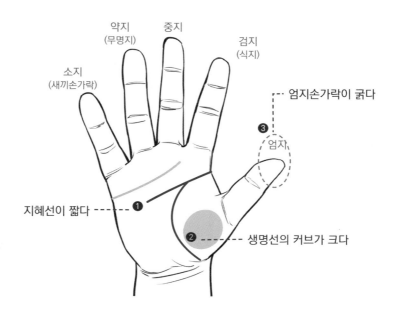

약지
(무명지)

중지

검지
(식지)

소지
(새끼손가락)

엄지손가락이 굵다

❸

엄지

지혜선이 짧다 ----- ❶

❷ ----- 생명선의 커브가 크다

육체노동

이 직업은 위험이 따르는 부분이 많습니다. 빠른 행동을 취하는 것은 지혜선의 길이와 관계가 있습니다. 일반적으로 지혜선이 짧을수록 운동 감각이 좋아 행동이 빠릅니다.

❶ 지혜선이 짧으면 지적인 것에 관심이 별로 없고 눈앞의 물질적인 것에 마음이 움직입니다.

❷ 생명선이 커버가 크면 성적 매력이 강합니다.

❸ 엄지손가락이 굵으면 온화한 성격입니다.

TYPE 10 행동력과 어떤 경우에도 굴하지 않는 정신력의 소유자

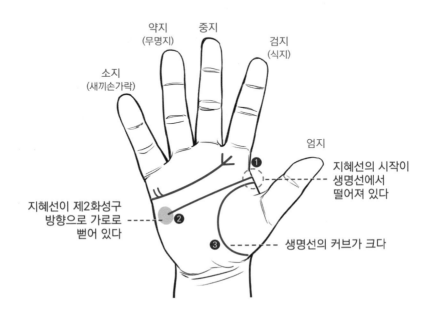

약지
(무명지)

중지

검지
(식지)

소지
(새끼손가락)

엄지

❶

지혜선의 시작이
생명선에서
떨어져 있다

지혜선이 제2화성구
방향으로 가로로
뻗어 있다

❷

❸

생명선의 커브가 크다

서비스업, 세일즈

이 직업인 사람은 고객이 원하는 바를 어떻게 먼저 파악해 대처하느냐가 중요합니다. 감정선 끝이 검지 아래에서 갈라지고 시작점에 있는 지선이 새끼손가락 쪽으로 향하면 그 특징이 두드러집니다.

❶ 지혜선이 생면선과 떨어져 있으면 행동으로 먼저 옮깁니다.
❷ 지혜선이 제2화성구까지 뻗어 있으면 근성이 있고 일을 끝까지 마무리합니다.
❸ 생명선 커브가 크면 에너지가 넘쳐 활기가 있습니다.

건강 ^편

선, 구, 손톱의
변화만 잘 관찰하여도
건강을 지킬 수 있다.

♥

컨디션 변화에 따라 손금에 나타납니다.
주의해서 체크할 포인트

손금 중에서도 가장 확실하게 해석할 수 있는 것이 바로 건강에 대한 것입니다.
손금의 주인이 어떤 체질인지, 어떤 병이 걸리기 쉬운지 다양한 손금을 이용해
판단하는데, 손금 뿐만 아니라 손바닥의 살집을 가리키는 '구'역시 중요한 요소
입니다. 그리고 손톱의, 색, 무늬 등으로 건강상태를 파악할 수 있습니다.
이러한 선, 구, 손톱은 매일 변화하기 때문에 건강에 대한 중요한 단서가 됩니
다. 하지만, 병에 대한 판단은 반드시 의사와 상담을 하여야 합니다.

POINT
- 선으로 길이, 두께의 변화로 건강상태를 알 수 있다.
- 구의 살집, 색으로 건강상태를 알 수 있다.
- 손톱의 색, 무늬, 반달모양으로 건강상태를 알 수 있다.

건강 운이 좋은 이상적인 손금!

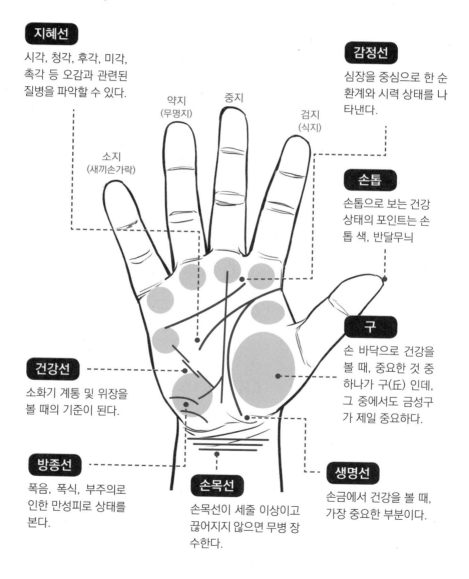

지혜선
시각, 청각, 후각, 미각, 촉각 등 오감과 관련된 질병을 파악할 수 있다.

감정선
심장을 중심으로 한 순환계와 시력 상태를 나타낸다.

약지 (무명지)

중지

검지 (식지)

소지 (새끼손가락)

손톱
손톱으로 보는 건강 상태의 포인트는 손톱 색, 반달무늬

구
손 바닥으로 건강을 볼 때, 중요한 것 중 하나가 구(丘) 인데, 그 중에서도 금성구가 제일 중요하다.

건강선
소화기 계통 및 위장을 볼 때의 기준이 된다.

방종선
폭음, 폭식, 부주의로 인한 만성피로 상태를 본다.

손목선
손목선이 세줄 이상이고 끊어지지 않으면 무병 장수한다.

생명선
손금에서 건강을 볼 때, 가장 중요한 부분이다.

심신질환에 주의

POINT 장애선이 생명선을 가로지르고, 생명선은 새끼줄을 꼰 듯한 사슬 모양입니다. 전반적으로 활동에너지가 약한 사람에게 자주 보이는 손금입니다.

이 선은 무슨 뜻?

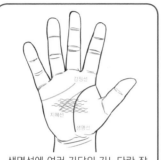

생명선에 여러 가닥의 가느다란 장애선이 가로지르는 것은 스트레스 과잉의 경고 신호입니다.

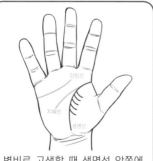

변비로 고생할 때 생명선 안쪽에 아래를 향하는 지선이 나타납니다. 특히, 여자에게 많이 나타납니다.

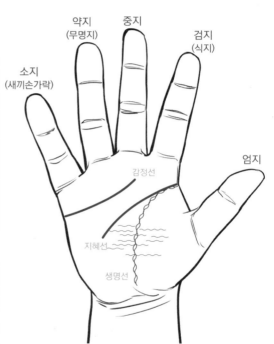

생 명선이 사슬모양, 파도모양이고, 많은 가느다란 장애선이 가로지르면, 정신적, 육체적으로 약한 타입이 많습니다. 정신적으로 스트레스가 지나게 많은 사람은 몸도 함께 지치게 됩니다. 심신질환이 우려됩니다.

운을 높이는 방법

질병은 대부분 스트레스가 원인입니다. 명상을 통해 정신을 맑고, 건강해지게 하는 것이 중요합니다.

정력 감퇴

POINT 당신의 남편이 노인도 아닌데 이런 선이 나타났다면 정력이 감퇴하고 있다는
징조입니다. 하지만, 정력 감퇴라고 고민만 할 수 없습니다. 다른 병도 잠복하
고 있을 가능성이 있습니다.

이 선은 무슨 뜻?

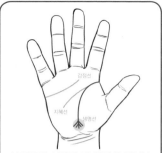

불면증에 시달릴 때 생명선 끝부분
주변이 짙은 회색으로 변하고 지선
이 많이 나타납니다.

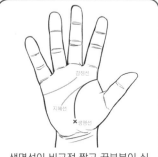

생명선이 비교적 짧고 끝부분이 십
자문으로 마무리되는 것은 큰 질환
이나 사고를 암시합니다.

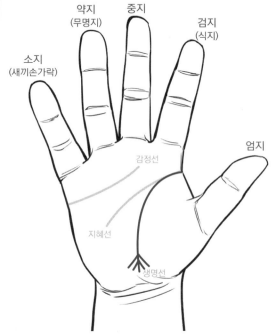

건강과 관련해 가장 주시해야 할 것은 생명선
의 변화입니다. 다면, 생명선 자체에 변화
가 없어도 끝부분에 십자나 섬 등이 나타나면 주
의가 필요합니다. 특히, 생명선 끝부분에 빗자루
모양의 선이 생기면 남자의 경우 정력 감퇴를 의
심해야 합니다.

🩺 운을 높이는 방법

이러한 빗자루 모양의 선이 보이면 건강검진을 받아 예방하도록 하세요. 병이 잠복
하고 있을 가능성이 있습니다.

생명선으로 알 수 있는 병 **3**

만성질환으로 고생

POINT 사슬 모양의 생명선이 있는 사람 중 생명선 자체가 길면 만성질환에 시달리더라도 몸을 잘 관리하면 장수할 수 있습니다.

이 선은 무슨 뜻?

생명선에 끊어진 부분이 있고 다음 선이 안쪽에서 다시 출발하여도 건강회복을 기대하기 어렵습니다.

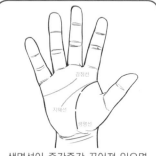

생명선이 중간중간 끊어져 있으면 몇 번의 건강상 위기가 찾아온다는 경고입니다.

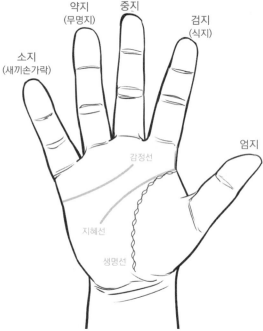

사슬 모양의 생명선이 있는 사람은 만성질환에 시달릴 가능성이 있습니다. 특히, 위장 등 소화기계통 질환이 많고, 식욕 감퇴로 안색이 창백하고 몸이 마른 사람에게 나타납니다. 타고난 허약체질로 신경질, 싫증을 잘 내는 성격의 사람에게 많습니다.

🩺 운을 높이는 방법

약한 생명선도 좋은 태양선이 나오면 학문이나 예술 분야에서 재능을 발휘할 수 있는 사람이라고 할 수 있습니다.

소화기 계통 주의

POINT 위장이 악화되면 섬이 거무스름하게 변합니다. 섬이 나타나면 폭음폭식, 술, 담배는 삼가세요. 가벼운 병으로 여겨 가만히 두면 위험합니다.

이 선은 무슨 뜻?

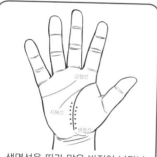

생명선을 따라 많은 반점이 나타나는 것은 스트레스로 기력이나 체력이 고갈된 상태입니다.

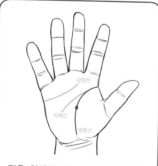

짙은 회색의 섬이 나타나면 위장의 상태가 상당히 나쁘다는 의미입니다.

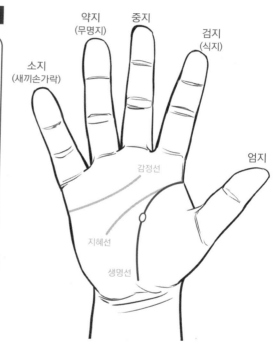

생명선 중앙 부분 위에 섬이 많이 나타나면 소화기 계통에 트러블이 잘 발생한다는 경고입니다. 특히, 작은 섬이 또렷하게 나타난 경우, 위궤양 등을 의심해볼 필요가 있습니다. 스트레스는 소화기 계통에 악영향을 미치니 주의하세요.

운을 높이는 방법

평소에 혹사하기 쉬운 위장에 휴식을 주세요. 폭음, 폭식을 삼가고 술, 담배를 줄여 소화기관의 기능을 회복하면 섬은 서서히 사라집니다.

생명연장의 천운

POINT 생명선의 자매선은 생명선의 단절을 이어준다는 중요한 의미를 지닙니다.
생명선이 끊어져 있는 부분을 커버하는 것처럼 평행한 선을 말합니다.

이 선은 무슨 뜻?

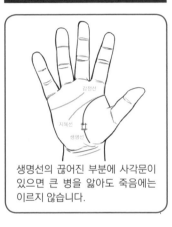

생명선의 끊어진 부분에 사각문이
있으면 큰 병을 앓아도 죽음에는
이르지 않습니다.

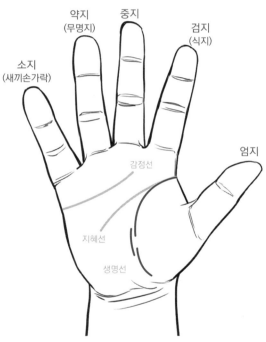

약지
(무명지)

중지

검지
(식지)

소지
(새끼손가락)

엄지

감정선

지혜선

생명선

생 명선이 중간에 끊어져 있어도 이를 보완하는 자매선이 있으면 끊어진 생명선
을 연결해주는 의미를 지닙니다. 이 자매선이 있으면 설사 큰 병에 걸렸더라
도 생명에는 지장이 없으니 안심하세요.

 운을 높이는 방법

이 자매선은 이중 생명선과 비슷한 의미가 있으며 선의 굵기와 관계없이 가늘어도
상관없습니다.

활력이 넘치는 이중 생명선

POINT 이중 생명선이 있는 사람은 매우 건강한 운세를 가지고 있습니다. 생명선이 이중인 만큼 지칠 줄 모르고 항상 기운차며 활발합니다. 낙천적인 사고방식이 건강을 유지하는 비결이죠.

이 선은 무슨 뜻?

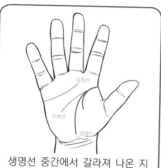

생명선 중간에서 갈라져 나온 지선은 갈라진 어릴적부터 매우 바빠집니다.

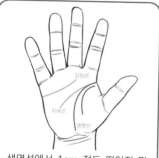

생명선에서 1cm 정도 떨어져 평행하는 선을 화성선이라 하며 체력이 좋은 기간을 나타냅니다.

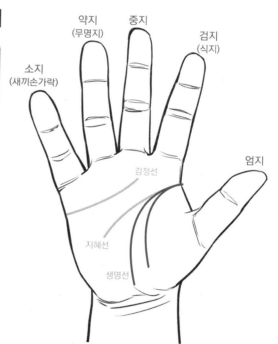

생명선이 금성구 안으로 평행해 달리는 이중 생명선은 생명선의 힘을 더욱 강화해주는 선입니다. 생명력이란 체력과 기력이 생활력으로 이어집니다. 또렷할수록 좋으며 평생 자신의 일을 갖습니다.

🩺 운을 높이는 방법

이중 생명선이 있는 사람은 스트레스를 잘 받지 않는 체질로, 체력이 남아 자신과 관계없는 일까지 지나치게 간섭하는 경향이 있습니다. 주의가 필요합니다.

스트레스 관리가 필요

POINT 지혜선에 섬이 많은 사람은 성격적으로도 스트레스를 잘 받는 타입이라고 할 수 있습니다. 위장에 부담을 주어 자신도 모르는 사이에 위장병으로 고생할 수 있습니다.

이 선은 무슨 뜻?

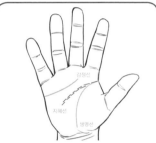

지혜선이 토막 나 있고 감정선이 긴 사람은 일을 감정적으로 처리하곤 합니다. 여자의 경우 신경질 적 때 가 많습니다.

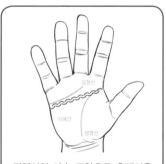

지혜선이 사슬 모양으로 축재선을 이루는 사람은 자주 두통에 시달리 고, 신경질적인 사람이 많습니다.

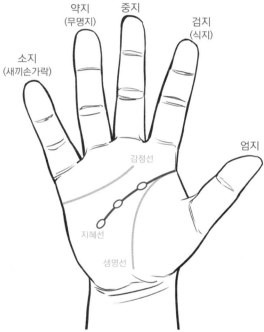

지 혜선에 생기는 많은 섬은 정신적 피로가 축적되었다는 징표입니다. 또 섬은 운기가 하락하는 것을 나타내는 신호이니 주의가 필요 합니다. 작은 일로 쉽게 지치지 않는다는 자신감 을 가지고 있는 사람일수록 정신적인 피로를 깨 닫지 못하는 법입니다.

⚕ 운을 높이는 방법

지혜선에 섬이 나타나면, 자각증상이 없더라도 빨리 건강검진을 주기적으로 받아 관리를 하는 것이 좋습니다.

우울증 해소가 중요

POINT 이 선이 있는 사람은 무엇을 해도 잘되지 않는다는 생각에 모든 일에 소극적입니다. 보통 사람이라면 웃어넘길 일도 그 사람에게는 심각한 문제. 결국 자기만의 세계에 틀어박히고 맙니다.

이 선은 무슨 뜻?

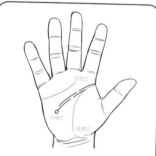

토막 난 지혜선이 끝에 섬이 있으면 신경질환에 걸릴 가능성이 높고, 시작점에 섬이 있으면 기가 약한 분입니다.

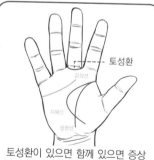

토성환이 있으면 함께 있으면 증상이 배가 됩니다. 별다른 이유도 없이 인생을 비관적으로 생각하는 경향이 있습니다.

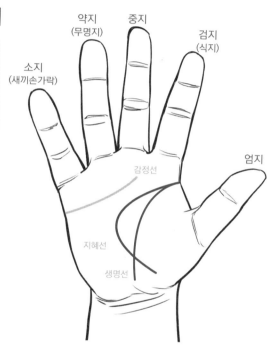

약지
(무명지)
중지
검지
(식지)
소지
(새끼손가락)
감정선
엄지
지혜선
생명선

지혜선이 심하게 휘어져 있고 그 끝이 생명선을 통과하는 경우, 나약한 성격 탓에 대인관계로 고민하는 일이 많습니다. 기가 약해 의사소통이 원활하지 않고 그 결과 심신미약으로 우울한 상태에 빠질 때가 많습니다.

🩺 운을 높이는 방법

이런 손금을 가진 분은 노력해서라도 낙천적인 성격으로 바꿔보세요. 운동, 육체노동으로 기분전환을 하는 것도 좋은 방법입니다.

트라우마 극복이 중요

> **POINT** 극단적으로 아래로 떨어지는 지혜선은 부정적인 사고방식을 가진 사람에게 많이 나타납니다. 생명선과 지혜선을 가로지르는 많은 장애선은 심각한 스트레스를 의미합니다.

이 선은 무슨 뜻?

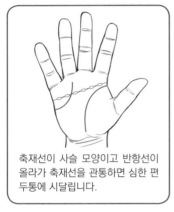

축재선이 사슬 모양이고 반항선이 올라가 축재선을 관통하면 심한 편두통에 시달립니다.

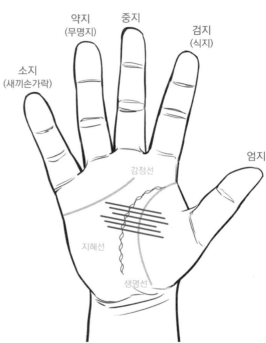

소지 (새끼손가락)
약지 (무명지)
중지
검지 (식지)
엄지
감정선
지혜선
생명선

지혜선이 사슬 모양으로 아래로 떨어지는 사람은 현실을 생각하지 않고 행동하거나 분위기에 잘 휩쓸립니다. 위 손금과 같이 사슬모양의 지혜선에 장애선이 많으면 심신이 약함을 의미합니다.

🩺 운을 높이는 방법

평소부터 밝고 쾌활한 마음을 유지하는 생활을 하도록 하세요.
조금씩 선이 변하고 성격도 개선될 것입니다.

대머리 징조

POINT 지혜선 끝부분에 큰 섬이 있으면 머리가 벗겨진다는 징조입니다. 특히 이 섬이 작고 또렷하게 나타난 경우에는 주의가 필요합니다. 머리 피부에 뾰루지 등 심각한 피부 트러블이 발생할 가능성도 있습니다.

이 선은 무슨 뜻?

지혜선이 토막나 있고, 감정선도 복잡한 경우, 시샘과 망상증에 사로잡힐 수 있습니다.

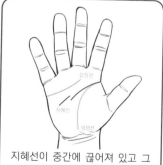

지혜선이 중간에 끊어져 있고 그 틈새가 넓은 사람은 노이로제, 피해망상에 주의하세요.

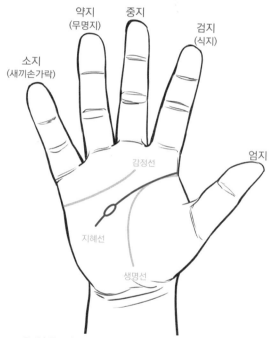

나이를 먹기 시작하면서 중년으로 접어들 때쯤 지혜선 끝부분에 큰 섬이 생기면 머리카락이 줄어든다는 징조입니다. 손금에 이런 모양이 생기면 매사 깊이 생각하거나 신경을 너무 많이 쓰는 경향이 있어 스트레스도 잘 받고 남보다 머리카락이 많이 빠지는 것입니다.

🩺 운을 높이는 방법

지혜선의 섬은 뇌질환, 신경질환에 대한 주의신호로, 정신건강에 유의하세요. 스트레스를 받지 않도록 기분 전환도 잊지 않길 바랍니다.

'코로나19'같은 유행성 독감주의

POINT 손금의 변화는 장기적인 징조뿐 아니라 가까운 미래에 발생할 병에 대해서도 알려 줍니다. 붉은 반점이나 붉은 색의 얼룩이 생기면 발열을 동반하는 '코로나19'와 같은 유행성 독감일 수 있습니다.

이 선은 무슨 뜻?

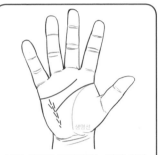

냉한 체질인 여성에게는 짧게 끊어진 건강선이 나타나는 경우가 많습니다.

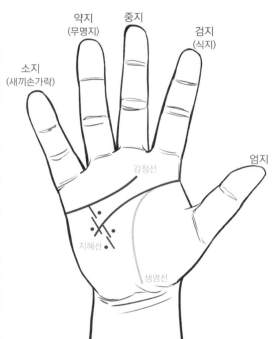

소지
(새끼손가락)

약지
(무명지)

중지

검지
(식지)

엄지

감정선

지혜선

생명선

구불구불한 파도 모양의 건강선은 과음으로 간이나 쓸개에 나쁜 영향을 주고 있다는 징표입니다.

건강선의 적신호로 나타난다는 여러가지 모양 중 선, 점, 색은 주의하라는 신호입니다. 선과 모양들은 날마다 변화합니다. 건강선에 붉거나 검은 반점이 생긴 경우, 발열을 동반하는 '코로나19'같은 유행성 독감에 걸린다는 경고이니 주의하세요.

운을 높이는 방법

수성구, 월구, 금성구의 피부색은 생리적인 건강상태를 나타냅니다.
이 부분의 색이 검붉게 얼룩져 있고 건강선이 지나가면 건강에 나쁜 영향을 줍니다.

호흡기 계통 질환

POINT 섬이라고 작은 것만 있는 것은 아닙니다. 건강선 자체는 대부분 뚜렷하게 나타나지 않는 경우가 많아, 건강선 위에 있는 섬을 쉽게 지나칠 수 있으니 주의하세요.

이 선은 무슨 뜻?

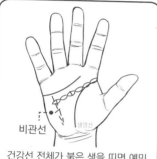

건강선 전체가 붉은 색을 띠면 예민합니다. 또 사슬 모양의 지혜선은 부정적인 생각에 빠지기 쉽습니다.

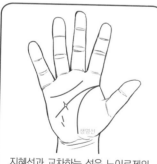

지혜선과 교차하는 섬은 노이로제의 징조입니다. 섬이 있어도 지혜선이 깊고 굵으면 별다른 영향이 없습니다.

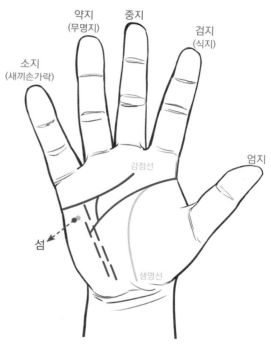

건강선 위에 섬이 나타나면 폐, 목, 코 등 호흡기계통에 질환이 발생할 가능성이 높습니다. 또한 건강선이 사슬 모양이 되거나, 감정선과 가까운 위치의 건강선 위쪽에 큰 섬이 나타난 경우, 호흡기계에 문제가 있을 수 있습니다.

🩺 운을 높이는 방법

호흡기 질환은 무서운 질병입니다. 지금은 거의 사라진 결핵 경우, 섬 뿐만 아니라 손톱 상태에서도 확인할 수 있습니다.

감정선으로 알 수 있는 병 1

심혈관 주의 필요

POINT 감정선이 표준보다 짧은 사람은 심장, 혈관 등 순환기계에 문제가 있을지도 모릅니다. 중지 부근의 감정선을 통과하는 가느다란 세로선이 여러 줄 있으면 선천적인 심장 결함을 암시합니다.

이 선은 무슨 뜻?

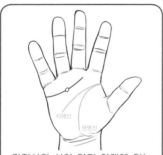

감정선의 섬이 약지 아래에 있는 경우, 눈(眼) 질환에 주의하세요. 백내장 가능성이 있습니다.

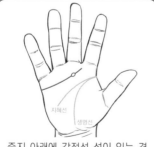

중지 아래에 감정선 섬이 있는 경우, 심장병에 주의하세요. 특히 고혈압, 비만 가능성이 있고 중성지방 수치가 높습니다.

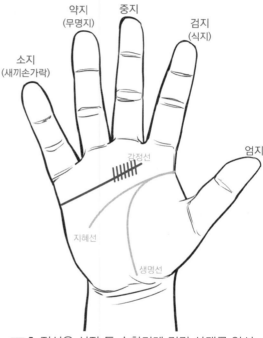

감정선은 심장 등 순환기계 건강 상태를 암시합니다. 감정선의 표준 길이는 새끼손가락 밑에서 시작해 중지 시작점에서 아래로 선을 그었을 때 부딪히는 정도입니다. 표준보다 짧은 사람은 순환기계, 특히 심장이나 혈관 문제에 주의해야 합니다.

🩺 운을 높이는 방법

검지나 중지 중간까지 감정선이 뻗어 있으면 심장은 건강합니다. 단, 감정선에 상처나 점이 없고 선의 커브가 깨끗해야 합니다.

검붉은색은 뇌질환 주의신호

POINT 구의 색은 건강의 척도입니다. 제2화성구와 월구가 검붉은 색을 띠는 경우,
이는 뇌졸중에 주의하라는 신호입니다.

이 선은 무슨 뜻?

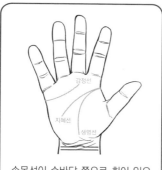

손목선이 손바닥 쪽으로 휘어 있으
면 여성은 불임 가능성이 있습니다.

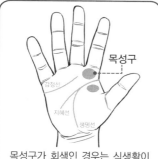

목성구가 회색인 경우는 식생활이
나 정신적인 고민이 위장에 악영향
을 주고 있다는 징표입니다.

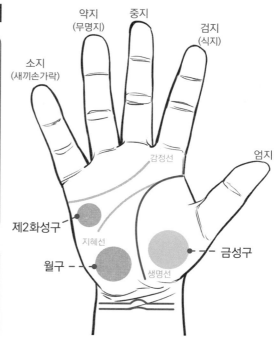

금성구로는 그 사람의 생명력과 스태미나를
판단할 수 있습니다. 이 부분이 볼록 부풀
어 있는 사람은 대체로 건강한 상태입니다. 여성
의 경우, 금성구가 발달하지 않은 사람은 불감증
일 가능성이 있습니다. 창백한 경우에는 순환기
계가 약하다는 뜻입니다.

🩺 운을 높이는 방법

금성구와 제2화성구, 월구는 색이 자주 변화하는 곳입니다.
손의 색에 보통 때보다 이상 변화가 있으면, 먼저 의사의 진단을 받길 바랍니다.

손톱으로 알 수 있는 병

손톱에 있는 세로줄, 색, 모양은
현재의 건강 상태를 나타냅니다.

	호흡기계 질환에 주의 **세로줄이 많은 손톱**	젊은데 손톱에 세로줄이 많이 있는 사람은 호흡기계 질환에 주의하세요. 세로줄은 피로도가 극에 달한 사람, 신경쇠약 조짐이 있는 사람에게 나타납니다. 젊은 사람의 경우, 검사가 필요합니다.
	소화 불량에 시달리는 손톱은 **납작한 손톱**	만성 위염이나 소화 불량에 시달리고 있는 사람은 대체로 납작한 손톱이 많습니다. 잠재적으로 위장이 약하므로 폭음, 폭식을 자제해 위장에 부담을 주지 않도록 하세요.
	소화기계통에 문제가 있을지도 **거무스름한 손톱 색**	손금 감정을 하다 보면 가끔 손톱 색이 무척 좋지 않은 사람을 만납니다. 특히, 거무스름한 색을 지닌 사람은 소화기계통에 무언가 질환이 있는 경우가 많아 위 내시경을 검사를 받아 볼 것을 권합니다.

손금의 궁금 중 손에 있는 주름에 대해 알려드리겠습니다.

Q1
요즘 잔주름이 많이 생겼습니다.

A
두 가지 의미가 있습니다.

손바닥에 갑자기 잔주름이 많아지는 이유는

첫째 마음을 써야 하는 일이 많을 때, 몸과 마음이 예민해졌을 때 나타나는 신호입니다.

둘째 스트레스로 자율신경이 지쳤다는 신호입니다. 자신의 허용범위를 넘어 정신이 힘들어한다는 표시입니다. 휴식을 취하거나 일을 바꾸는 등 생활을 개선을 하는 것이 좋습니다.

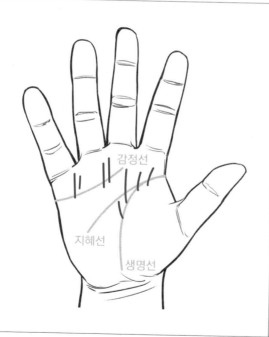

세로선이 많은 사람은 운세가 상승하고 있음을 말합니다.

세로선이 많은 경우

연하고 긴 선일수록 운이 트이는 힘이 강해집니다.
대표적인 세로선은 생명선에서 위로 올라가는 향상선, 개운선 입니다.

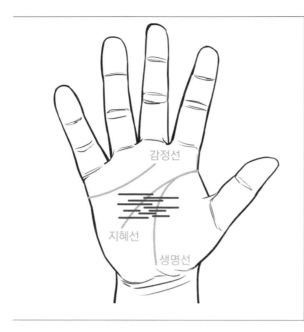

가로선이 많은 사람
은 운세가 하락하고
있음을 말합니다.

가로선이 많은 경우

가로선은 대표적인 장
애선 입니다.
특히, 화성평원을 가
로질러 생명선을 통과
하는 수많은 장애선은
마음의 표시입니다.

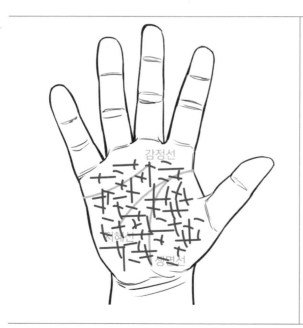

예민한 사람은
자잘한 선이 많다

주름이 많은 경우

신경질적이고 무엇이
든 걱정하는 신경이 예
민한 사람입니다.
대범한 사람은 자잘
한 선이 적습니다.

Q2

손에 나타난 여러 모양의 표시로 불안 합니다.

A

구체적인 위치가 중요 합니다.

손에 나타나는 표시는 **섬, 십자, 별, 삼각, 사각** 등이 있으며 각각의 의미가 있습니다. 그 중에서도 주의할 것은 생명선에 섬이나 점이 있는 경우, 건강상의 특정 나이에 중요한 적신호인 경우가 많기 때문입니다. 예를 들면 생명선이 십자로 끝나면, 그 나이에 돌연사할 가능성이 있고, 생명선에 섬이 있으면 만성질환에 걸린 것으로 봅니다. 그리고 큰 섬보다 작은 섬, 섬의 굵기가 본래 선보다 굵을수록 증상이 무겁다는 것을 암시입니다. 이러한 섬이나 십자가 생명선 위의 어디에 있는지에 따라 몇 살쯤 병에 걸리는지 판단할 수 있습니다. 섬, 십자 등은 감정선, 지혜선 등 다양한 선에 나타날 가능성이 있으며 생명선과 마찬가지로 대부분이 건강에 대한 장애를 의미합니다.

✋ 손에 나타난 모양의 종류와 의미

분기선

운세가 변화한다

결혼선 끝이 갈라지면 연애운, 결혼운이 나쁘고 실연을 반복합니다. 이성과의 밀당에 서툴고, 상대에게 엄격해 미움 받기 십상입니다.

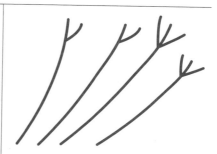

지선

주요선에서 나타나는 갈래 선

위치에 따라 뜻이 달라집니다.
예를 들면 생명선에 위로 향하는 지선이 있으면 운세 호전, 아래로 향하는 지선 있으면 쇠퇴를 의미합니다.

사각무늬

나쁜 기운을 좋게 변화시켜줍니다.
생명선, 지혜선, 감정선, 운명선에 있
으면 화를 피할 수 있습니다. 검지아
래 목성구에 사각모양이 있으면, 가르
치는 직업을 갖게 됩니다.

단선

주요선이 끊어지는 경우
빚이 많은 사람은 재운선에 단선이 있
으며, 생명선의 단선은 질병이나 부
상, 운명선에서 단선은 실업, 감정선
에서 단선은 이별 등을 의미합니다.

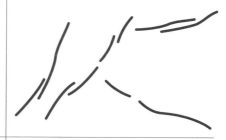

삼각 무늬

위치에 따라 의미를 강화하거나
약화하거나 한다
선 위에 선과 붙어 삼각 무늬가 생기
면 그 선의 의미가 약화됩니다. 손목
에 있는 경우에는 선의 의미를 강화돼
좋은 운을 의미합니다.

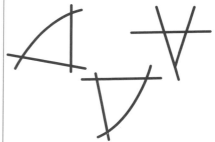

격자 무늬

나타난 위치의 운을 정체시킨다
월구에 나타난 격자무늬는 정신적 불
안정세로 피로를 뜻합니다. 감정선에
있으면 생각이 일관되지 못하고, 생명
선에 있으면 부침이 심한 인생을 살
게 됩니다.

별 무늬

위치에서 길흉의 의미가 바뀝니다.

큰 별은 노력이나 인내를 통해 행복을 잡습니다. 방사 모양으로 나타나는 작은 별은 돌발적인 행운이 있지만 위치에 따라 흉이 됩니다.

십자 무늬

뜻밖의 불행을 의미합니다.

돌발적인 사고가 예상됩니다. 특히, 운명선 끝부분에 있으면 재난으로 인한 죽음, 생명선 끝부분에 있으면 불의의 사고나 질병이 발생합니다.

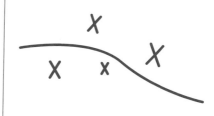

파트너선

주요한 선의 의미를 강화해 줍니다.

생명선을 따라 옆에 나타난 파트너 선은 수명을 보존해 줍니다. 운명선에 옆에 있는 선은 협력자가 나타나거나 일에 대한 운이 강화됩니다.

섬 무늬

슬럼프, 운세의 하락을 나타냅니다.

선의 일부 또는 주변에 섬 모양인 있는 것으로, 주요선의 의미를 약화시키고 나쁜 의미로 해석됩니다. 지혜선에 있으면 신경질환 징조입니다.

파도모양 선

주요선의 의미를 약화시킵니다.

생명선에 있으면 체력이 쇠약해지는 시기를 나타내며, 운명선에 있으면 슬럼프 기간을 나타냅니다. 정확한 시기는 유년법으로 알 수 있습니다.

사슬모양 선

주요선의 의미를 약화시킵니다.

생명선의 사슬모양은 육체적인 피로를 뜻하며, 결혼선은 배우자와 사이가 나빠짐을 암시합니다. 그러나 엄지손가락 시작점에 있는 패밀리링은 가정운이 좋음을 뜻합니다.

사주명리 완전정복 시리즈 각 25,000원

자평진전 25,000원

궁통보감 30,000원

연해자평정찰 25,000원

삼명통회적요 27,500원

삼명통회벼리7권, 10권 25,000원

삼명통회비기 11권, 12권 25,000원

삼명명리 상권/자평편 25,000원

삼명명리 하권/삼명편 25,000원

손에 잡히는내 사주내 팔자 12,000원

사주명리실전 100구문완전정복 25,000원

띠, 혈액형, 별자리로 보는사주팔자 25,000원

쉽게 풀 수 있는내 궁합사주팔자 25,000원

결혼하신다 구요! 궁합이 맞습니까 20,000원

쉽게 이해하고보기 편한토정비결 15,000원

행운과 복을 부르는 토정비결 20,000원

바르게 해석하고알기 쉽게풀어 쓴토정비결 25,000원

미래를 보여주는 주역 25,000원

개명, 작명의연금술 25,000원

성공하는이름 짓기대사전 20,000원

작명의 명인 17,000원

마이베이비셀프네이밍 15,000원

손금이 사주팔자다 17,000원

손금해석의 정석 17,000원

관상이 사주팔자다 30,000원

관상해석의 정석 17,000원

쉽게 풀어 쓴마의관상법 25,000원

좋은 인상좋은 관상 20,000원

꿈 해몽대백과 25,000원

미래를 보는 올바른 꿈해몽 집 25,000원

운명을지배하는조상공양 20,000원

복 받는조상공양(상) 원리와사례 15,000원

복 받는조상공양(하) 실천 15,000원

내 운명을뒤바꾸는부적대백과 20,000원

삼재 25,000원

조금만바꾸면행복해지는우리 집풍수대백과 25,000원

돈이들어오는자리를 up시키는우리집풍수 15,000원

사랑을이루는연애풍수인테리어 13,000원

성공으로이끄는합격풍수인테리어 18,000원

손금의 고수가 알려주는
人生궁금증 5가지 해답!

요즘 가장 궁금한 것이 무엇인가요? 아마도 연애, 결혼, 직업, 재산, 건강 중 하나일 겁니다. 언제쯤 나도 다른 친구처럼 멋진 남친이 생길까? 졸업 후 직장은 원하는 곳에 취업할 수 있을까? 연봉은 얼마쯤 될까? 결혼을 하려면 집 장만은 언제쯤 할 수 있을까? 결혼은 누구와 언제쯤 할까? 노후생활은? 그러나 우리가 살고 있는 현실은 모든 것이 불투명하다. 하지만 미래를 운을 알 수 있는 조금한 힌트만 있어도 운명을 개척하는데 큰 도움이 될 것이다. 아마도 손금이 인생의 망망대해에서 길을 잃고 방황할 때 훌륭한 조타수 역할을 해줄 것이다.

03180

값 17,000원
ISBN 978-89-7461-477-5

9 788974 614775